销售都得懂点
心理学

董中良◎著

SPM 南方出版传媒 广东人民出版社

·广州·

图书在版编目（CIP）数据

销售都得懂点心理学 / 董中良著 . — 广州：广东
人民出版社，2018.8
ISBN 978-7-218-12924-2

Ⅰ . ①销… Ⅱ . ①董… Ⅲ . ①销售－商业心理学－通
俗读物 Ⅳ . ① F713.55-49

中国版本图书馆 CIP 数据核字（2018）第 123969 号

Xiaoshou Doudei Dongdian Xinlixue

销售都得懂点心理学

董中良 著

出 版 人：肖风华

责任编辑：马妮璐 刘 宇
责任技编：周 杰 易志华
装帧设计：刘红刚

出版发行：广东人民出版社
地 址：广州市大沙头四马路 10 号（邮政编码：510102）
电 话：（020）83798714（总编室）
传 真：（020）83780199
网 址：http://www.gdpph.com
印 刷：三河市荣展印务有限公司
开 本：787mm×1092mm 1/16
印 张：15 字 数：214 千
版 次：2018 年 8 月第 1 版 2018 年 8 月第 1 次印刷
定 价：39.80 元

如发现印装质量问题，影响阅读，请与出版社（020 - 83795749）联系调换。
售书热线：（020）83795240

前言 PREFACE

销售，当今时代的焦点话题。随着销售性质的不断延伸，销售技巧、策略的不断更新和发掘，销售已然受到社会各界人士的追捧和研究。究竟何为销售？如何销售？众说纷纭。想要彻底地弄清楚什么是销售，还需回归到销售的本质。

销售就是一门心理上的学问。

为什么客户会相信陌生的销售人员？

为什么客户会改变初衷最终被销售人员说服？

为什么客户最终会做出购买行为？

……

这一系列的过程都是打开客户心门的过程。只有打开客户心门，捕获客户心意，才能实现成交。实际上，在销售过程中，无论销售什么，大到飞机、游轮，小到一针一线，销售的本质都是一样的，无非就是怎样抓住对方的心理，将货卖出去，把钱拿回来。但恰恰就是在这一针一线之间暗藏着无穷的心理"玄机"。正是在这样的"玄机"之中，买卖双方展开了一场心理上的交锋，互相试探、互相猜忌，同时又互相戒备，都在试图读懂对方的心理，并且引导对方跟着自己的思路走。

从某种意义上来说，销售就是考验一个人心理的领悟能力和参透能力。它不仅仅是凭借产品来取胜，最重要的是在心理层次上更胜一筹，这是销售人员与顾客、竞争对手，乃至自己的心理博弈。销售人员想要赢得这场一对三的对抗，就必须懂得心理学，懂得如何将销售与心理学两者紧密结合，加以利用。

本书正是从以上角度出发，以心理学知识作为理论基础，仔细剖析了如何利用心理学战术吸引客户、了解客户、挖掘客户需求、劝说客户、掌控客户心理、说服客户，以及辅助语言沟通等，以双管齐下，共同促进最终成交。在具体销售过程中，客户会有哪些形形色色的消费心理，以及源于这种消费心理之下的外在表现，如何透过现象看本质，如何从客户的外在和心理反应上获得有效的启示？诸多问题，本书都会为您一一详解。

此外，书中还引用了一些经过客户检验的心理实验，汇集了大量相关的销售实战案例，以及有效的销售场景对话，提炼出了在销售中卓有成效的销售策略和行动建议，这些可以有效帮助销售人员练就火眼金睛，洞察客户的心理，从而赢得销售订单。

通过阅读本书，您不仅可以领略到阅读的乐趣、销售的玄妙，而且可以深入了解销售心理学方面的理论知识。本书能真正帮助读者朋友在轻松、愉快的氛围中读懂心理学、读懂销售，帮助销售新手成为销售老手，帮助销售老手成为销售高手。

本书将献给那些正在销售中奋斗的人，无论您是职场新人还是在销售行业顽强拼搏的创业人士，又或者是对销售心理学感兴趣的读者，衷心希望这本书能够给你们带来实际性的帮助和成长。

最后，祝愿所有读者朋友都能实现自身的价值，实现自己的销售梦想，最终成为销售领域的成功者。

目录 CONTENT

第一章 做销售，拼的就是心理

第一章

▶▶

做销售，拼的就是心理

　　做销售，拥有舌灿莲花、妙语连珠的本领固然重要，但懂得心理谋略却能更胜一筹。在销售中，无论你处于何种位置，拼的就是心理。想要赢得销售上的成功，不仅需要十足的自信，而且需要合理把控自己的情绪、行为，具备坚持不懈的毅力和迎难而上、不惧失败的心理。只有这样，才能达成更多的交易。

每天对自己说："我喜欢我自己"

销售是一门心理上的博弈，它不仅是销售人员与客户之间心理上的对峙，更重要的是销售人员内心的自我对抗。也就是说，一个销售人员如何通过暗示自己、喜欢自己，建立更强的销售信念的过程。

世界上并没有天生的销售高手，只有热爱自己、不言放弃的销售人员。从某种意义上说，做销售拼的就是强大的心理。强大的心理不仅体现在一个人对自我内心的接纳程度上，还体现在对客户行为的接纳程度上。

对于刚进入销售行业的职场新人来说，销售技巧和经验阅历都较有限。面对销售中所遇到的窘境，难免会产生逃避或者是沮丧心理。在这种情况下，最重要的就是做好调整情绪和心态的工作。在日常生活中，我们可以让自己保持阳光向上、精神焕发的状态，给人一种充满活力的感觉。每天出门前，站在镜子面前发自内心地对自己说："我喜欢我自己。"至少重复3遍。之所以这样做，并不是简单地喊口号，而是将话语意识转化为行动意识，让我们在每一次话语中，都能获得自信与胆量，增加每天工作的动力。

小华是一个应届毕业生，凭着满腔热血走进了销售行业。经历了一个月的培训和学习，小华对销售行业有了初步的了解，同时他发现自己更加热爱这个职业了。他每天都是最早去公司的那一个，并且在办公桌上贴了很多励志的纸条"I can do it""我喜欢我自己""成就明天的自己"……小华这种积极向上的态度受到了上司的喜爱。虽然在前期小华的销售业绩不高，但是大家都十分看好他，愿意帮助他，上司也会多给他一些锻炼的机会。连小华自己也说："只要热情在，成功只是早晚的事情。"

小华作为销售行业中的职场新人，还不具备资深的经验，但是他凭借对工作的积极态度和热情，不仅营造了良好的工作氛围，而且为自己未来的销售之路奠定了强大的精神基础。对于初入职场的年轻人来说，最大的财富就是年轻的朝气，以及满腔的热情。这是决定他们能够在销售，以及职场中走多远的重要因素。

除了具备良好的生活状态和精神面貌之外，在实际的销售工作中，销售人员还应该有较好的心理素质。销售每天都会面对各种各样的客户，要应对各种各样的困境和窘况。可以说，这是一项极其具有挑战性的工作。它不仅是对销售人员身体素质的考验，更是对销售人员心理素质的考验。

只要对自己充满信心并且不懈努力，每个人都有可能成为销售高手。因为面对客户时首先展现在他们面前的是我们的精神状态和气场，如果我们的气场足够强大，那么绝大多数客户都会被我们的气场压倒，成交对我们来说也是近在咫尺之事。反之，如果我们灰头土脸、唯唯诺诺，甚至不敢直视客户，那么客户也会洞察到我们的心理，对我们进行质疑、刁难，进而拒绝成交。

所以说，在销售中无论是精神状态还是心理状态，都会在一定程度上影响到销售结果，而保持良好的精神状态和拥有志在必得的心理都是一种专业的表现，以及成交的暗示。每天对自己说"我喜欢自己"，不仅仅是一种心理上的暗示，更是一种信念上的笃定。它能够时刻警示我们端正心态、树立坚定的信念，不断塑造强大的内心，练就顽强的意志；同时，也能够帮助我们以临危不变的姿态来应对职业生涯中的万变，从而保证我们在销售的路上越走越远！

销售的秘密在于相信自己

无数成功或者是失败的销售案例告诉我们：销售成功的秘密不仅在于产品，还取决于销售人员的魅力。销售人员的魅力主要体现在良好的心理素质，以及相信自己敢于应对挑战。

销售是一项颇具挑战性并且充满艰辛的工作。尤其是对于新人，想要做好销售并非是一件易事，将会面临多方面的挑战和压力，例如，客户的拒绝、老板的考核要求、同行业的激烈竞争等。这些来自外界的诸多难题和挑战都会使得销售人员充满危机感和紧迫感。在这种情况下，化解难题、危机与迎接挑战的过程就是考验销售人员心理素质的过程。

首先，具备信心十足的心理状态。

从销售的工作性质上来看，销售不存在输在起跑线上这一说。没有天生的销售高手，任何人都不可能一出生就具备销售的天赋。同时，销售也是差异性极大的工作，同样是销售，有人月薪3000，也有人月薪30000。之所以出现这样大的差异，主要是因为销售人员的信心不同。对于很多刚入行的销售人员来说，当他们吃了一次闭门羹之后，常常会怀疑自己。其实，那些销售高手一开始也不具备强大的自信，但是他们能够在销售的过程中不断培养自信，即便经历了失败，也总能从失败中重拾自信。

那么，销售人员的自信主要表现在哪些方面呢？

（1）对自身能力的高度自信。销售人员气场的强大不仅取决于老到的经验，而且取决于内心——相信自己有运筹帷幄、决胜千里的能力。

（2）对企业的高度自信。对企业的自信主要表现在对企业的归属感以及对企业未来发展的期待和厚望。

（3）对产品和服务的高度自信。销售业绩的好坏很大程度上取决于主观条件，而不是一些客观条件。产品对于每个销售人员来说都是一样的，之所以出现不同的销售业绩主要是销售人员对自己推销产品和服务的自信程度不同。那些对产品和服务高度自信的销售员，往往都会取得卓越的业绩。

大卫是某公司的电销人员，他每天的工作职责就是邀请客户和推销产品。下面是大卫与客户的电话沟通。

大卫："您好，我们这里是××公司，我们的宗旨是竭诚为您提供××服务。"

客户："哦，××公司，听起来不错，请问你们提供的××服务是真的吗？"

听到这里，客户的兴趣一下子被提起来了。

大卫："是这样的，我们公司致力于打造××产品，现在面向广大客户进行最大的回馈，是一次千载难逢的好机会！"

客户："真的，不会是什么噱头吧？"

大卫从这句话听出了客户的需求和疑虑，于是赶紧使出绝招："这个您可以绝对放心，我以人格担保，我们这个电话在网上可以真实查询，并且活动内容真实有效，等会儿我会把活动内容以短信的形式发送到您的手机上。"

客户："这方法不错，发到手机上清楚明了。"

大卫："当然，我们公司有较为正式的系统，不是任何人都能够随便参加的。所以等会儿如果您想要参与我们的活动就回复一个字母'Y'，我们会帮您及时预订。"

客户："好的，那回头联系您！"

大卫："感谢您的配合，您的信赖是我们竭诚服务的动力，我们将为您提供最优质的服务。"

从整个对话中，我们可以感受到大卫内心强大的自信。大卫对自己的职业、公司乃至产品都有着深度的自信和认同感。这种自信同时也带动了客户对公司、产品的信赖，推动销售过程顺利进行。

其次，保持力争向上的姿态。

富兰克林·罗斯福说："拥有一种积极进取的心态，胜过拥有一座金矿。"的确如此，有着力争向上、积极进取之心是任何事情能够获得成功的前提。尤其是对于销售这种业绩和薪资无上限的工作，想要获得更多的回报和财富就需要拥有强大的野心以及不断进取的精神。这种精神主要体现在遇到挫折、挑战后的越挫越勇以及成交之后的再接再厉。

最后，勇于突破，敢于挑战。

俗语道："世上无难事，只怕有心人。"对于销售人员来说，每一天都是未知并且充满艰难险阻的。但同时，突破与挑战又有一定限度和范围。它们是建立在客观、实际的基础之上，在能力的预估之内，而非那些不切实际、不着边际、不具备实践意义的"雄心壮志"。

所以，销售人员必须在客观可行的基础之上，敢于挑战自己，超越自己，不断拾级而上，才能够达成一定的效益和目标。

总的来说，销售人员作为销售的主体，其个人能力以及良好的心理素质决定了销售过程和销售结果。只有当销售人员相信自己，相信一切，才能激发自身的无限潜力，才能获取他人的信赖和支持，在销售的路上走得更长远。

别让情绪坏了销售

一个人是否能够取得成功并且掌控自己的人生，绝大部分取决于控制情绪的能力。对于销售人员来说，对于情绪的掌控更是直接影响到工作乃至生活中的方方面面。

在销售过程中，人们注重的并不是你有多大的能力和智慧，而是看你是否拥有一颗温润、平和的心。比如，面对客户的百般刁难，你是否能够耐得住性子，放得下面子；面对一切窘境和困局，你是否能够稳定情绪、处变不惊。这些个人情绪的直接表现会在很大程度上影响到销售的过程和最终的结果。

在竞争激烈的销售行业，销售人员如履薄冰，稍有不慎就可能会失去客户。因此，学会驾驭自己的情绪，保持积极乐观的心态，对于销售人员尤为重要。只有这样，才能够不被沉重的工作压力所击倒，不被消极的情绪所干扰。

小高是某电器公司的销售人员。刚刚进入销售行业的时候，小高特别讨厌客户来挑事、找麻烦。面对令人头疼的客户，小高真是气不打一处来，真想撂挑子走人。但是为了生计，小高又不得不忍受这一切。

一次，店里又来了一位客户，而且是意向比较强烈的客户。刚开始，小高心平气和地跟客户介绍产品，耐心地将产品的功能、特点一一为客户细致讲解。可是在这个过程中客户总是不断地挑剔，问一些很刁钻的问题。小高的情绪越来越糟，他努力压着怒火继续为客户服务。在谈到产品售后环节的时候，客户突然说："我朋友在你这儿买的产品，没用多久就坏了，可见售后跟踪服务根本没有做到位，我怀疑你们是说得好听，实际并非如此。"

听到这里，小高心中更火了："哦，是吗？"客户很惊讶："你这是什么态度，我说得难道不对吗？"小高不耐烦地说："行行行，你说得对，那你到别家去买吧，我是伺候不了你这样的'祖宗'。"客户听到这些，一边嘴里嘟囔着，一边生气地拂袖而去。

小高因为没能驾驭好自己的情绪，在即将成交的环节中功亏一篑。虽然客户难缠，但是发怒终究解决不了问题，甚至有时候会让我们成为受害者，失去更多。所以说，面对顾客的刁难，销售人员第一步就是把握好自身的情绪，稳定心态，找到合理的方法去应对和解决问题。一旦你被情绪所左右，就彻底失去了主动权。

在销售过程中，受委屈、遭刁难、被误解，很多事情都是身不由己，不得不面对。这种情境下，面对种种不好的经历，销售人员很可能就会累积坏情绪。长此以往，不仅会影响到生活和工作，甚至还会引发一场不良情绪长期积累导致的彻底爆发。所以，销售人员对于不良情绪的排解和发泄还是十分有必要的。例如，在卫生间、楼梯口、阳台等僻静的角落，一个人听首歌、大喊大叫、远眺、深呼吸……尽可能地将坏情绪统统释放掉、排解掉，然后振作精神，重新作战。

除了需要发挥意识的主观能动性之外，我们还需要借助身体机能来调节情绪。美国经营心理学家欧廉·尤里斯教授提出了能使人平心静气的三项法则："首先降低声音，继而放慢语速，最后胸部挺直。"

在平时的工作中，如果遇到不顺心的事情，我们发泄情绪的最直接表现就是声音分贝提高，语速加快。因此，降低声音、放慢语速都可以在一定程度上缓解情绪的冲动，抑制情绪的爆发。此外，当我们情绪失控的时候，身体往往会不由自主地随着情绪的波动而故意前倾，仿佛要与他人争辩或者是强力证明什么观点一样。这种姿态上的前倾会加重情绪的恶化，进而导致气氛尴尬，局面紧张。而胸部挺直，则是淡化冲动紧张气氛的表现。心理层面在一定程度上和身体保持相应的一致性。只有将身体和心理调节到最佳状态，两者相辅相成，共同稳定情绪，才能以最佳姿态展现在客户面前。

过分夸大等于自毁信誉

比起各式各样的销售技巧，还是真诚更为重要。

在销售中，不管是层出不穷的说话技巧还是耐人寻味的心理策略，都发挥着重要作用——揣摩客户的心理，放大产品的优点，实现快速成交。因此，很多销售人员把销售技巧和策略当作工作的核心点。

然而，当众多销售技巧成为一种潮流，形成跟风时，就会导致其本质发生偏斜。很多销售人员在销售过程中，往往为了利益，利用众多的夸大因素来达成自身想要的销售结果。

这种过分夸大的销售可能会在短期内带来立竿见影的效果，但是长期来看很可能成为销售进展的阻碍。当客户发现他购买的产品或服务和你当初说的完全不一样，你就给客户留下了不真诚、虚假的印象。

一名药厂销售员在向客户进行产品推销时这样说："不瞒您说，我们药厂研制出来的药是整个市场上最好的。无论是从质量上还是从效果上都有保证。"客户有点狐疑地看着他："有保证，怎么保证？"销售员："包您药到病除啊！"客户听了销售员的一席话，立马反驳道："实话告诉你，我就是××医院的医生，你这牛吹得也太离谱了吧！就连我们做医生的也不敢保证患者药到病除，你一个卖药的敢说这种话，像你这种行为就是在欺骗老百姓。"

听到这里，销售员有些手足无措："你有什么证据这样说我，再说了我是卖药的，不说药好说什么？"客户提高嗓音道："这种药我们医院曾经也试过，但是效果甚微，并没有你说得那么好。你这样为了销售而销售，不顾普通老百姓利益就是不对的。如果我们医院也这样做的话，早就信誉扫地，无法经营了。"

　　在生活中这种销售案例普遍存在，它可能是生活产品效用上的夸大和欺骗，也可能是身体所需产品效果的刻意放大。我们暂且不说这些或多或少的欺骗会对客户造成多么大的危害，只说这种对客户不负责任的销售行为，必然会导致客户流失和销售人员的名誉受损。

　　销售人员应该看到长远的利益所在，切不可为了哗众取宠而夸大销售。这些不真诚的行为可能会骗得了一时，可能会在当下取得一定效果，但是久而久之，它会对客户造成一定的利益损害，进而成为客户放弃我们的品牌、拒绝我们的产品的重要原因，甚至对企业及个人发展带来致命的打击。

刻意取悦，赔了面子又丢单子

很多销售人员是抓住了消费者喜欢被人恭维的心理，在销售的过程中一味地恭维、刻意地取悦，有时候也许会带来可喜的结果，但事实上并不是所有的客户都适合刻意取悦，例如，一些理性、客观型消费者。销售人员的刻意的取悦对他们不但毫无作用反而会让他们心生厌恶，最终可能会导致销售人员赔了面子又丢单子。

小斌是一家高档服装专卖店的销售员。一天，有位消费者看中了一套西装，但是迟迟没有下单，原因是他嫌价格昂贵，想要寻求一些优惠。小斌看到这种情形，赶紧跑上前去："哎呀，就为这点事情啊。您瞧瞧这衣服，一看您就是一位有品位、有眼光的人。"消费者却说："得了，我几斤几两自己心里清楚，现在就想知道能不能优惠！"小斌继续恭维："哟，还谦虚了，不瞒您说，也只有您才能衬托出这件衣服的气质。"消费者仍然不买账："我们说衣服，别岔开话题。你就说吧，到底给不给打折？"小斌仍然不放弃："我说的是心里话，我觉得您穿上比明星还帅呢！这样，你穿回去试一试，回头谁说不好看，你就来找我。"听到这里，消费者转头就走："最受不了这样的销售员了，说话没轻没重的，我还没傻到为他的几句恭维话埋单。"

小斌没有搞清楚客户类型，就一味地进行恭维、刻意地取悦，以为能够成交。事实上这类消费者恰恰不吃这一套，不仅对他的取悦无动于衷，甚至很排斥、反感。这时候，小斌非但没有停止取悦，反而变本加厉，最终只能是赔了面子又丢了单子。

那么，销售人员应该如何用好"取悦"策略，才能事半功倍呢？

1. 看客户类型

俗话说："见什么人，说什么话。"在销售过程中，客户类型千差万别、姿态各异，想要处理好每一个客户，就需要提高我们的应变和转换能力。对于何种类型的客户，需要讲什么样的话，我们心里需要有一杆秤，时刻提醒自己。

一般而言，对于理性客观的客户来说，他们性格比较沉稳、严谨，不习惯陌生人的夸赞和追捧。所以，销售人员对于他们的取悦方式就应该点到为止，就算要恭维也应该建立在客观、合理的基础之上。不过，对于一些外向型、活泼型客户，他们多数追求愉悦心理，享受被人取悦的感觉，就可以顺势美言几句，刺激消费。

2. 看客户脸色

在与客户洽谈的过程中，销售人员要注意观察客户的脸色，以及行为表现。基于此，分析客户心理，说客户想听的话、爱听的话。例如，客户对于我们的赞扬并没有予以肯定，甚至表现出反感。这时候，我们就不能继续大肆赞扬，而是应该将话锋灵活转换，切换到客观理性的表达方式上面。

3. 看具体场合

销售犹如战场，必然讲究天时地利人和。有时候，场合也是促成交易、成交的重要因素。

在销售过程中，如果场合是比较正式、严肃的，而销售人员嘻嘻哈哈，或者像聊家常一样刻意讨好客户，就难免会给客户一种不正经、不靠谱的感觉。

反之，在一些较为轻松的场景氛围下，销售人员就可以适当地放下拘谨心理和板正的姿态，同客户像朋友一样聊天，以此加速与客户之间的情感升温，从而博取客户的信任感。

需要注意的是，销售人员应该时刻摆正自身的位置。毕竟与客户之间并非真正的朋友，以免给客户造成不舒服和虚假的感觉。

总的来说，取悦要适度，恭维需谨慎。客户类型多样，但并不是每种类型都适合我们进行大肆取悦和恭维。销售人员应该懂得因人而异，培养自身灵活转变的能力以及应对能力。只有这样，才能保证在取悦之余，既给了客户面子，又能够促进成交。

学会换位思考，杜绝死缠烂打

在销售过程中，我们经常可以看到这样一种现象：销售人员追着客户，一边递宣传单页，一边急迫地为客户介绍产品。客户走到哪儿，销售人员跟到哪儿，最终客户不耐烦地拒绝了，销售人员继续软磨硬泡，期待出现转机。

不能说这种方法是无效的，但是从某种意义上来说，它并不是销售的有效策略。很少有客户会因为销售人员的死缠烂打而埋单，他们更多地看重产品是否符合心理需求，是否能够满足自身的某种需求。

方女士经过一家商场时，销售员赶紧前来推销："您好，我们这里正在做活动，快进来看看吧，今天是最后一天哦！"方女士抱着随便看看的心理走进了商场。

没想到，方女士刚走进来，后面就紧紧地跟着两三个销售员。

"您好！您看一下我们打折商品的单页。"

销售员："您好，我看您皮肤那么好，我们这边化妆品刚好在打折，您可以看一下！"

方女士心里有些不耐烦："好的，谢谢你们。我自己看看就可以了。"

销售员："您千万别客气或者是不好意思，如果您买了这些化妆品，不仅能够以最低的价格拿到手，还能够获得我们提供的丰厚礼品。"

方女士："不好意思，我对这些优惠没有兴趣。我从来不买国产化妆品，我看重的是品牌和质量。"

销售员："我看您也是有文化的人，那更应该相信我们国产品牌，支持我们国产品牌！而且我们在质量上都有保证，我们公司有专业的咨询师，能够为您专业定制适合您的产品。"

方女士："对于这种产品，我也没必要去咨询。"

销售员："不咨询也可以，反正奖品和优惠都是少不了你的，这点您大可放心。"

方女士："拜托，别跟着我了，我有需要自己会说的。"

销售员："您再考虑一下吧，我觉得真的非常适合您。"

方女士没再接话，转身就离开了。

这个案例销售失败的原因在于：在产品推销的过程中，销售人员跟背台词似的灌输，没有设身处地地为顾客着想。最终不仅没有成功销售出一件产品，反而引起了方女士的强烈反感。

这也是很多销售人员在推销产品时容易犯的错误。例如，在销售商品时，喋喋不休、死缠烂打；在客户表示不需要的情况下，仍然一味地劝说和引导等。销售人员只有换位思考，设身处地站在对方角度上为客户着想，了解客户想要什么、不想要什么，才能够抓住客户的心，实现成交。

换位思考具体可以从以下几点来考虑：

1. 以客户为中心

通常情况下，客户可以分为两种类型：

一种是有想法、有远见的客户。这类客户在消费的过程中，更为理性和沉稳，更习惯于跟随内心来做出选择。如果需要咨询，他们会主动和销售人员进行沟通。

另一种则是对产品没有过多思考和了解的客户。这类客户在进行商品选择的时候，可能会面临更多的问题和疑虑。这时候，作为销售人员应该洞察到客户的心理需要，利用专业的知识讲解，以及良好的服务态度，说服和引导消费行为。

2. 维护客户利益

销售最大的利益所在就是维护客户的利益。为客户着想，考虑客户利益，不仅有利于获取客户的信任，而且能够帮助销售人员从与客户的交谈中获得有用的信息。

维护客户利益通常表现在，给客户提供实际性建议和帮助，如为客户解决疑难问题，为客户讲解专业知识以及提供行之有效的方法。还有一种维护客户利益的表现是：帮助客户花最少的钱买到实惠、舒心的商品。例如，给客户提供优惠和折扣，重视客户心理感受和体验等。

3. 消除客户疑虑

在销售中，迅速消除顾客疑虑十分必要。因为这种疑虑感可能会降低顾客的信任度，在一定程度上阻碍成交的进程。

要消除客户疑虑，首先需要明确和分析客户存在疑虑的原因。通常情况下，客户产生疑虑心理，很可能是因为：

（1）他们以往曾经遭受过欺骗。

（2）他们之前购买的某种商品不能满足内心期望。

（3）从新闻媒体上看到过一些有关客户利益受损害的案例，并引以为戒。

以上任何一种原因，都会导致他们在购买商品的时候心存芥蒂，警惕性提高。对于这种情况，销售人员需要做的就是打开消费者的心结，消除疑虑。

其次，针对客户存在疑虑的原因，从客户立场和根本利益出发，向他们传达一些正面的、积极的、能为客户带来好处的产品案例，逐步为客户营造一种安全感。

总而言之，真正的销售成交如同婚姻契约一般，讲究的是你情我愿，而非死缠烂打和软磨硬泡。销售人员只有学会换位思考，把每句话都说到客户心里去，才能真正实现成交。

对待客户，别做"拖拉斯基"

在生活中，人们经常会出现"拖拉斯基"的现象：吃完饭不立刻刷碗；闹钟响了，不能立马起床；有人叫你做事，总要超过三遍以上，才能有所行动……

在销售中，这种情况更是频频发生。比如，客户本该周一跟踪的，最终拖到了周三；本该这个月完成的业务量，非要等到下个月才能完成……

殊不知，这些拖延的背后就是导致我们业绩下滑、停滞不前的最大原因。因为客户不会在原地等待着我们成交，机会更不会一次又一次重来。

小袁是某房地产公司的销售人员。一次，小袁带一位客户看房。经过详细讲解，客户对其中一套房子的各个方面都很满意，有购买意向。但是刚说到一半，小袁接了个电话就要离开："那个，我帮你留着那套房子，今天我有点事情耽搁一下，咱们改天详谈。"具体下次见面时间小袁还没有来得及说明，就匆匆消失在客户眼前，客户对此很不满意。

过了两天，客户主动给小袁打电话："上次约好详谈房子的事情，一直没说准确时间，今天我有时间，咱就定今天吧！"小袁在电话那头却说："哎哟，对对对！瞧我这记性把正事给忘了。不过真的很抱歉，今天有些不方便，这样，我们约在明天吧！"一听又要推到明天，客户直接回道："真把自己当回事了，还没见过你这样的销售员。"说完"啪"的一声把电话挂了。

当客户不计前嫌，主动约定洽谈的时候，小袁依然没有把握机会，把客户气走了，单子也丢了。归根结底，小袁拖延、磨蹭的性格耽误了正事。一而再、再而三地考验客户的耐性，不把客户的事情放在心上，最终导致与成交失之交臂。

很多销售人员都有小袁这样的毛病，总以为客户就在那里，晚几天也没关系。事实上，这种拖拉、不守信的习惯，葬送掉的不仅仅是一个单子，更是客户的信赖和个人的信誉。那么，销售人员如何才能避免成为"拖拉斯基"呢？

1. 制订计划

计划既是有规律的保证，同时又是警示和提醒的"闹钟"。它会在一定程度上暗示我们该做什么、不该做什么，先做什么、后做什么。

尤其是销售工作，每天任务量和信息量都很大，如果没有进行清晰的规划和分解，忙起来很有可能导致一头雾水，抓不住核心环节，甚至可能会忽略和遗忘某些重要的事，随着新任务的与日俱增，导致任务越堆越多，形成拖延。

为了避免这种现象出现，我们可以采用以下方法来制订计划：

（1）把每天需要做的事情记录下来，按顺序排列，保证心中有数。

（2）将最重要的事情用红色字体标记，次重要的事情用黄色标记。

（3）善于利用碎片时间解决微小但不紧急的事情。比如，约客户、查询订单、写临时方案等。

2. 立即行动

行动是一切的开始。立即行动，对销售来说很重要，不管事情简单也好，困难也罢，都要先行动起来，这才是改变拖延症必须要做到的第一步。刺激立即行动的主要方法有自我暗示法、他人监督法、效果检测法等。

3. 降低执行难度

很多拖延症始于难度，也就是执行难度较高，不能一下子实现。因此，我们在执行的过程中会习惯性地一再拖延，总希望等到最后再来处理。事实上，所有复杂的事情我们都可以将它简单化，如简单的目标分割法、人员分工法、具体流程分割法等。根据划分情况，以此推动执行进程。

4. 进行自我奖惩

销售人员对自身实行奖惩规则，能够在一定程度上刺激自己快速采取实际行动，做出应有的改变。我们可以利用一些物质性的奖励，如食物、新衣服、化妆品等作为礼物奖励自己，也可以利用一场电影、一本书、一场旅行等心理上的享受来激励自己。

总的来说，销售讲究时效性，客户不可能每天坐在那里等待着我们推销。真正留给我们的机会少之又少，我们需要做的就是时刻做好充分的准备，培养立即行动的习惯。只有事事抢先一步，才能够夺得先机，把握住机遇。

被拒绝10000次，也要努力第10001次

即便是对于销售高手而言，每天也会不可避免地遇到各种各样的拒绝："对不起，我没空！""我回头考虑一下""我还有事，下次吧！"诸如此类令人沮丧的回应，在销售的路上从未停息。面对种种拒绝，有人选择了放弃，也有人选择了坚持。

选择坚持的销售人员越挫越勇，即便被拒绝10000次，也要努力第10001次；选择放弃的销售人员心生畏惧，永远失去了成交的机会。这就是两者本质的区别。

李威大学毕业后投身于销售行业，希望自己能够取得一番成就。经过一番市场调查之后，李威决定推销一种现代工业机器。

由于这种现代工业机器价格比较昂贵，很多规模较小的工厂不会购买，而那些大规模的工厂也不会轻易购买。但是李威不辞辛劳，不管是小企业还是大工厂都一家一家地拜访，寻找目标客户。最终，李威把目光集中在一家工厂身上，希望能够由此打开突破口。李威想方设法地搜集到工厂负责人的家庭地址，然后前去拜访，没想到最后竟然吃了个闭门羹。

虽然遭此冷遇，但是李威热情不减，继续寻找机会。有一天在企业的厂区门口，李威终于等到了这位负责人。负责人的态度反而比上次柔和了一些，似乎被李威的坚持精神打动了，表示愿意听李威介绍一下这种工业机器。李威立即上前给对方详细介绍了这种机器的性能和优点，以及未来在市场上的发展前景。这位负责人最终愿意先购置一台机器试用一下，如果后期

不错，再考虑多购置几台。

在销售职业生涯中，如李威一样，很多人都会面临客户的果断拒绝。只是有人选择止步，有人选择迎难而上。迎难而上的人，他们敢于挑战、敢于坚持。相反，那些选择止步的销售人员可能一开始就卡在了被拒绝的关卡，最终导致停滞不前，一次又一次地失去机会。如果每一次销售人员都害怕被拒绝，或者是被拒绝之后就不再继续努力突破，那么成功的号角可能永远都不会为你响起。只有当我们不断培养坚持不懈的品质和强大的心理，才能够看到成功的曙光。

首先，保持职业热情。

万事皆需热情。销售是一份极其需要热情的工作。如果销售人员连对自己职业的热情都没有，是无论如何也不能调动起客户的热情来的。面对客户，一副元气满满的状态和一副垂头丧气的状态，两者所产生的结果显然是不一样的。

所以，在工作中我们需要尽可能地保持充分的职业热情。比如，每天和同事、上司打招呼、问候；利用充实的工作来满足内心的成就感；多向优秀的人学习，以此激励自己。以上这些方法都能够有效提高我们的工作热情和动力。

其次，壮足内心底气。

销售需要强大的信心，这种信心不仅包括外在的自信，还包括内心强大的底气。内心的底气主要体现在相信公司为客户提供的产品是最优质的，自己的产品是最优秀的。

只有这样，才能够在给客户介绍产品时具备强大的底气和信心，敢于跟客户承诺保证。

最后，练就强大的心理素质。

心理素质在一定程度上决定了我们面临困难时会如何解决。具备良好心理素质的销售人员，往往能够坦然从容地面对拒绝、挫折、麻烦，并且越挫越勇。相反，心理素质不好的销售人员可能经历一点小风浪，就会想到放弃或者是抱怨，难以坚持到底。

练就强大心理素质的具体做法：在工作中，可以给自己制订一些具有挑战性的任务计划；在生活中，适当地参与一些刺激、冒险的野外活动，以此来磨炼意志、激发斗志。

总的来说，销售是一条漫长而又艰辛的道路，这中间经历的拒绝、阻碍不计其数。它需要我们时刻具备坚持不懈的品质以及积极向上的战斗力。只有拥有战胜一切的决心和饱满的热情，我们才能在销售的路上越挫越勇、迎难而上。

第二章

▶▶

吸客心理学：谁才是
你的金矿

如何成功吸引客户？这就需要充分发挥钓鱼效应：想要钓到鱼，就应该清楚鱼喜欢什么样的饵料。同样的道理，只有了解了客户的需求，才能够利用需求圈定目标客户，最终成功销售。

此外，在销售过程中我们还需要注意，产品的"卖点"并不等同于"买点"。只有当我们针对客户的需求找到符合客户的价值点，并且采用有效的销售方法来吸引客户时，最终成交的可能性才会更大。

钓鱼效应：激发客户的强烈需求

在行为心理学中，人们把一个人因特定的内心强烈需求而产生的相应行为现象称之为"钓鱼效应"。这样一种现象就是充分借助鱼饵的作用，将鱼饵放到鱼的跟前，通过诱惑鱼儿，让鱼儿产生特定的内心强烈需求，在此基础上诱发鱼儿产生相应的行为。

在具体销售过程中，利用钓鱼效应来激发客户需求、引发客户行为的例子也不在少数，并且这些尝试都产生了一定的效益。

某品牌香烟是烟草行业内知名的畅销品牌。然而，该品牌香烟在进入一些国外海滨城市的时候，遭到了同行业其他品牌香烟的顽强抵抗。公司使用了很多销售方法都无法融入这些海滨城市，无法获得消费者的认可和喜爱，更谈不上占领市场，打败同类品牌。

有一次，公司的一名销售人员发现一个现象：在海滩上有很多禁烟的广告牌。销售人员就在想如何能在众多广告牌中脱颖而出？一定要抓住客户的眼球和心理。于是他心生一妙计，在海滩上粘贴告示，并写着："吸烟有害，此地禁止吸各种香烟，'××品牌'也不例外。"这条广告词没有任何张扬的夸耀之词，并且也不具备自身的特点，但是它吸引了很多人的好奇心。人们就在想，为什么要有针对性地提出某品牌香烟呢？难道它很特别还是它档次更高？带着这些强烈的好奇心，香烟消费者们纷纷前来购买此品牌香烟。这个品牌的香烟因此在当地一炮打响，迅速成为畅销品牌。

案例中的品牌香烟借助一个独特、有创意的广告成功吸引了消费者的好奇心，然后利用这种好奇心理成功激发了广大用户产生强烈的心理需求，进而刺激用户产生消费行为。

在具体销售过程中，如何有效使用钓鱼效应？销售人员需要掌握以下几点心理策略：

1. 充分利用好奇心理

通常情况下，好奇心是客户受商品本身吸引或者是在销售人员的推销过程中所产生的一种自发心理。这一心理也是能否成功销售的关键。

例如，某大型商场门口举办的免费体验活动，某娱乐场所推行的神秘舞会，某超市门口的大型促销活动，等等。这些都是商家和销售人员充分利用好奇心理的具体表现。

一旦客户对产品产生了兴趣，产品就会得到更加充分的展示；同时也能在一定程度上帮助客户了解产品，让销售人员更加有自信、有动力地为客户讲解产品。不过，在讲解产品的过程中，销售人员需要注意的是：不要一味地推销产品的主要功能、主要特点，而是应该有针对性地根据客户的行为反应和心理需求进行推销，充分突出产品的新颖性、独特性以及直击客户需求的地方。

2. 选取合适的诱饵

钓饵决定哪些鱼会来咬钩，直接影响着收获的多少。同样，在销售过程中，对于"诱饵"选取，直接决定着最终的销售结果。选取诱饵的具体方法，可以从以下两个方面来考虑：一方面根据市场情况做出精确的判断和分析；另一方面，结合客户的需求点以及产品自身所包含的特点，在此基础之上筛选出适当的诱饵。例如，某饭店为顾客提供儿童看护服务，对于那些有孩子的顾客来说就是极具吸引力的诱饵。

3. 由浅入深，切入客户内心

对于客户心理层面上的把握，绝非一步到位的事情，主要原因是消费需求日益个性化、多元化，很多客户的需求点不再停留在固有的理念基础之上，变得越来越让人难以捉摸。与此同时，市场上同类产品纷繁各异，客户对于产品的需求也不再仅仅取决于某一个特定的公司。

面对这种情况，销售人员应该静下心来，一步一步、由浅入深地剖析客户心理。在与客户交流的过程中，可以尝试着先引出客户感兴趣的话题。比如，客户的生活问题、兴趣爱好问题、人际交往问题等。先让客户放下防备心，然后一步步地引导客户打开话匣子。最终，根据客户信息和行为反应，精准筛选出有效的客户资源。

总的来说，销售就是先找到客户需求，然后满足客户需求的过程。销售人员相当于承担一个引导者的角色。通过对客户心理的分析，不断激发客户的强烈需求，进而实施有针对性的销售策略。虽然销售流程看似单一，其实环环相扣，脱离任何一个环节都有可能导致销售最终失败。

想清楚：你钓的鱼最喜欢什么样的饵料

鱼最喜欢什么样的饵料？对于垂钓者来说，钓饵是鱼咬钩的关键。只有掌握了鱼类喜欢的饵料，才能够满足鱼的心理需求，从而成功钓到鱼。对于客户而言，也是同样的道理。只有真正了解客户喜欢什么类型的产品，有什么样的需求，才能够有效地销售出自己的产品。

一般来说，客户的需求往往是多方面的、不确定的，从中找出客户究竟喜欢什么样的产品、又有着怎样的心理需求，是很难的。

在这种情况下，第一步就需要思考清楚客户究竟喜欢什么，然后对客户的需求进行分析和引导。例如，客户购买产品的欲望、用途、功能、款式等。根据多方面信息分析，逐步发掘，最后将客户心仪的产品和具体的需求以精确的方式描述出来。

李女士去某化妆品店购买护肤品。到了店里，销售人员就忙着向她推荐："最近我们这款护肤品卖得特别好，而且现在购买享受八折优惠，我建议您拿这种产品。"

李女士说："可是我没有用过这个品牌，会不会过敏呀？我属于油性皮肤，不适合油性大的护肤品。"

销售人员说："不会的，我们这款产品适用于任何皮肤。再说了，这套护肤品就最后两天优惠期限，您抓紧时间抢购吧！"

就这样，在销售人员不断的劝说下，李女士最终购买了这款护肤品。没想到，李女士回到家里仔细阅读产品说明书才发现，该产品是油性度较大的化妆品。第二天，李女士就到店里要求销售人员将产品退掉。销售人员却跟李女士说："买卖是讲究你情我愿的事情，我不能给你退掉。"就这样，双方僵持不下。李女士最终只好找到商场主管部门投诉了该销售人员。

李女士之所以选择投诉，主要原因是该销售人员没有考虑到客户的真正需求，就强行推荐产品，导致最终的结果适得其反。在现实中，我们也经常会遇到类似的销售情况。销售人员在那里噼里啪啦说半天，客户却仍不为所动；销售人员把产品的功能、优点讲得天花乱坠，最终仍然得不到客户的接受和认可。究竟是什么原因呢？归根结底还是不知道客户的需求点是什么。那么，销售人员如何才能搞清楚客户到底喜欢什么样的"饵料"呢？

1. 换位思考，把自己当成客户

现实生活中，很多销售人员往往是"为了销售而销售"，经常为了自己的销售业绩，尝试各种方法、技巧，费尽心思讨好客户，可最终结果往往南辕北辙。这是因为销售人员没有站在客户的角度上思考，不懂客户心里在想什么，导致客户内心想要的与销售人员所提供的对不上号，不在共同的频道上，最后即便销售人员把产品说得天花乱坠也是白搭。

站在客户的角度上思考，主要体现在能够真正了解客户的喜好和心理，然后将产品对号入座，满足客户的心理需要，这样产品才能成功销售出去。以李女士的案例来说，如果销售人员真正做到换位思考，就很容易抓住李女士对于"过敏、不适用油性度大的护肤品"这种需求，进而有针对性地推荐真正适合李女士的产品，结果必然是皆大欢喜。

2. 根据客户行为、心理来判断

销售人员经常会遇到各种各样的客户，这种差异性决定了客户在需求方面难免有所不同。例如，有些客户喜欢方的物体，有些客户喜欢圆的物体，还有些客户喜欢带棱的物体……每种客户自身特点和喜好都会影响到其对产品的需求。

这种情况下，我们就需要根据客户的行为表现和心理反应来分析研究用户的性格特点和内心偏好，在有所了解的基础之上，进行有针对性的提问，判断出客户存在的某种心理需求，帮助我们实现有效销售。

3. 抛砖引玉，找出线索

在销售中，我们不可能一下子就知道客户喜欢什么，客户需要什么，以及客户心里在想什么，因为了解任何事物都有一个循序渐进的过程，尤其是对于揣摩人心，更是讲究一个过程。

想要捕获客户的心理需求，首先需要做的就是主动与客户进行沟通，然后在沟通的过程中，时不时地切入一些提问式的话题，诸如："您平时都喜欢什么类型的产品？""您对产品有什么具体的要求吗？""对于我们的产品，您了解多少呢？"

不过，这种提问式的问题并不是随意的、无意识的，它是建立在一定的信息锁定和目标定位的基础之上，是为销售人员提供信息的提问。在提问过程中，销售人员需要做好信息整合和筛选工作，根据客户的回答进行思考和分析，确保筛选出有效的客户信息，准确找出客户心理需求点，从而帮助我们实现有针对性的销售。

利用需求圈定你的目标客户

销售过程是一场心理上的较量，是销售人员与客户之间的心理战。

在现实生活中，很多销售人员到处学习各种销售技巧，尝试各种销售策略，一味地为客户介绍产品的优点、产品的特性以及功能等。然而，其销售效果却往往不尽如人意。

事实上，产品的特性只是辅助性的销售工具，需求才是客户购买产品的原始动机，才是促成成交的关键。随着人们生活节奏的不断加快，客户和销售人员都不愿把各自的时间浪费在不需要的信息上面，甚至有些客户在面对那些不需要的销售信息时，会出现抵触和不信任的心理。因此，只有了解客户的心理需求，有针对性地介绍产品，投其所好，才能有效圈定目标客户。

1. 从需求出发，实行全面挖掘

作为销售人员，首先应该明确什么是客户需求。一般看来，客户需求往往是多方面的、不确定的。很少有客户愿意将心理需求完全表现出来，或者是对自己需要购买的产品有着精确的描述。

看似捉摸不透，实际上经过仔细分析，我们可以将客户的需求分为两种：

（1）通过购买产品与服务，来减轻或者摆脱一种痛苦；

（2）通过购买产品和服务，来获得内心的提升和满足。

这两种需求是绝大多数客户在购买产品过程中希望得到的东西。在销售过程中，我们第一步就可以从这两种需求方向出发，对客户一些多方面、不确定的需求，进行及时分析和引导，最终将客户心里模糊的需求以精确的方式描述并展示出来。

2. 分析客户，实现精准定位

所谓"钓鱼要选好大池塘"，做销售也是如此。一个销售人员想要实现精准而有效的销售，一定要明确目标客户的范围。

因此，销售人员在开始销售之前，应该这样反复问自己："我能给客户带来什么？""我能为客户减少或摆脱哪些痛苦？""我的产品能够帮助客户获得什么？""哪一群客户正在痛苦和煎熬之中？""哪一群客户渴望摆脱煎熬和痛苦？""作为销售人员，我又能为这群客户提供怎样的提升和帮助？"……

通过这一系列的提问，并且在心里罗列出答案，我们便能够清晰地分析出目标客户的范围。基于此，我们可以针对这些目标客户范围进行再一次聚焦和更深层次的挖掘分析。这样不仅能够保证客户的有效性，而且能够节约时间上的成本，提升销售效率。

3. 投其所好，满足客户需求

如果销售人员在与客户交流的过程中，能够了解客户的爱好和需求，然后投其所好，迎合客户的兴趣，那么客户也会欣然接受我们的产品。

吴女士想要购买一套房子，她来到房地产中心向销售人员咨询："还有条件比较好的房子吗？"销售人员回答道："当然，我们这里的房子无论是价钱还是地理位置都很棒，性价比都是非常高的！这几栋楼靠近繁华的街道路口，对于购物和出行来说都是极其方便的。"听完销售人员的介绍，吴女士并没有产生多么强烈的兴趣，于是婉言谢绝，奔向下一个房产销售中心。

在到达下一个房产公司的时候，一个销售人员热情地走过来："您好，欢迎光临！请随我这边走。"销售人员一边领着吴女士前往销售大厅，一边主动与她沟通，不断询问一些基本个人信息以及对房子的需求。

到达房产销售大厅之后，销售人员并没有着急向客户推荐那些盈利比较高的产品，而是根据对吴女士实际需求的分析，有针对性地向吴女士进行推荐。同时每介绍一套房子都会征求吴女士的意见，不断分析和揣摩吴女士的内心需求。最终销售人员对吴女士的需求做出精准的判断：吴女士喜欢阳台大、风景好、较安静的房子，对于交通的便利性要求不是很高。最终，销售人员根据吴女士的需求，避开了喧闹和污染严重的市区，成功地为吴女士推荐了一套风景优美、植物较多，并且社区环境静谧的房子。

面对同一个客户，两个销售人员之所以出现不同的销售结果，主要原因是：第一个销售人员没有对吴女士内心需求进行挖掘和分析，只是一味地根据自身片面的分析来推荐客户并不认可的产品服务。相反，第二个销售人员在充分了解和深入分析客户需求之后，投其所好，有针对性地根据吴女士的内心需求来推荐产品，最终实现了有效的销售。

总的来说，在销售过程中，想要圈定目标客户，第一步就是抓住客户的心理需求，利用需求来吸引客户。如果丧失了这个核心点，掌握再多的销售技巧和沟通策略都是空谈。因为只有充分了解客户的需求基础，一切的技巧和策略才有用武之地，才能发挥出本应有的销售力量，才能实现最终成交。

全面了解客户需求，找到其心理痛点

如果销售人员在销售过程中能够把客户"看透"，了解和掌握到对方的心理，找出客户心理上的痛点和需求缺口，然后抓住痛点、满足心理缺口对症下药，那么结果既直接又有效。然而，客户需求往往是多方面且不确定的。在这种情况下，想要全面了解客户，掌握客户的心理及痛点并非易事。

1. 和客户"谈恋爱"

谈客户就如同谈恋爱，谈成了就意味着客户被你成功追求到手。

（1）从心门入手，猜透客户。客户的心思就如同女人的心思一样难猜，尤其是面对一些冷若冰霜、阴晴不定的客户，更是很难搞懂他们的心理需求。在这种情况下，我们就要把客户当成恋爱对象去追求。但是追求并不意味着死缠烂打，而是要讲究一定的策略和技巧，懂得从心理层面缓慢切入。例如，我们可以经常关注客户的动态、朋友圈，分析客户的性格、喜好以及生活习惯；经常与客户进行阶段性的互动，以朋友的方式发短信、打电话问候等。这些都是不断走进客户心里，探索客户需求的有效方法。

（2）主动出击，赢得互动。主动出击需要做到心勤、嘴勤、腿勤。心勤主要是通过心灵上的热情来打动客户并且建立联系和感情；嘴勤主要是通过主动沟通去了解客户的习惯、爱好；腿勤主要表现在销售人员的服务和态度意识上面，销售人员应该以积极热情的态度以及行为表现来对待客户。只有你用心去对待客户，客户才会感受到你的热情并且回应你。

2. 痛点不是欲望而是恐惧

客户的痛点是什么？他们想要的是什么？在销售的过程中你会发现客户

的欲望是无止境的，他们需要满足的地方太多了。究竟哪一个是他们内心深处真正想要的呢？那一定是他们最害怕失去、内心最恐惧的东西。

年轻漂亮的女孩子都害怕失去美丽的容颜，于是有了昂贵的整容项目；拥有财富的人害怕失去财富，于是就有了各种保险与基金；都市上班族最害怕水泥森林里的迷茫与孤独，于是有了陌陌、QQ等各种社交软件；年轻人因为担心感情和婚姻问题，于是出现了婚恋情感咨询服务。

这一系列的商业销售就是建立在各式各样源于恐惧的需求之上。现实生活中，每种类型的客户都会有自身的恐惧之处，这种恐惧之处就是他们内心深处的痛点。所以，想要抓住客户的痛点就必须要找到客户的恐惧所在。

具体做法可以从以下三个方面入手：

（1）对不同年龄段的需求点进行区别和划分。这有助于规划自身的目标群，做好清晰定位。

（2）根据客户依赖程度即市场反馈情况，做出有效分析。

（3）抓住消费潮流，以创新猎奇的形式让客户"上瘾"。

3. 构建场景模式，抓住真实痛点

场景模式不仅是检验客户真实需求的重要技巧，而且是抓住客户痛点和痒点的有效途径。

"三只松鼠"就是利用产品说话的场景模式，抓住了"85后"年轻女性群体的心。它利用"萌货"等"85后"年轻女性群体的个性化心理，突出了个性化的服务场景，获得了客户的高度认可。

在实际销售过程中，销售人员也可以借助构建场景的技巧实现成交。例如，在介绍沙发的时候，可以进行类似"当你辛苦工作一天，回到家躺在这样柔软的沙发上小憩一会儿，一定会有'满血复活'的感觉"。这种能够触

发客户真实感觉的场景化描述会让成交水到渠成。

　　总而言之，销售人员想要在销售过程中全方位了解客户需求，找到客户的痛点所在，就要先和客户"谈恋爱"。通过"谈恋爱"进一步了解对方、建立"亲密关系"，在此基础上有效地辨别客户的痛点所在，最终准确地抓住客户的真实需求。

"卖点" ≠ "买点"

很多销售人员在销售的过程中经常会搞混"卖点"和"买点"两个概念。所以，在推荐产品的时候经常不知道自己在介绍产品的"卖点"还是"买点"，不能够有针对性地抛出自己的观点，发挥销售的作用。

事实上，"卖点"和"买点"之间既有着密不可分的联系，又有着本质上的区别。

"卖点"是什么？从字面意思来看，所谓的"卖点"主要是指该商品具备的别出心裁、与众不同的特色和特点。其中，产品所具备的特点、特色、优势，一方面是产品自身与生俱来的，另一方面是通过销售人员的想象力和创造力所描绘和构想出来的。例如，"农夫山泉有点甜""贝蒂斯橄榄油，贵得有理由"等众多广告，都是在宣传产品的"卖点"。

那"买点"是什么？所谓的"买点"主要指的是消费者在购买产品时内心所具备的想法，例如，产品的价格、档次、包装、质量，甚至包括产品的具体参数等。消费者在购买之前都会有自己的想法和标准。

通常情况下，"卖点"和"买点"最大的联系在于："卖点"以其自身特有的功能、特点等方面优势在彰显产品自身亮点的同时，又能够满足客户心目中对产品的要求和标准，击中"买点"。当然两者也存在实质上的区别："买点"的实质是消费者在购买产品时所产生的想法，而"卖点"的实质是一个强有力的消费理由。产品的"卖点"就好比是市场销售的前哨站，是市场销售的突破口；而"买点"是促成成交的关键因素，是埋单的"守门员"。

下面来看一个案例：

C楼盘是一个以中低收入阶层的客户为目标定位的项目。但是，当地开发商为了给产品增加卖点，以此扩大客户圈，于是在原有的基础之上规划设计出了横跨平层、错层、跃层、复式等20多个由80平方米到200多平方米的户型。除此之外，开发商还在社区内设计出繁多的景观绿化，在社区的质量和环境方面大大超越了周围的环境。然而，这些基于产品本位上的卖点并没有让产品的销售取得好的效果。

为什么呢？因为相对于C楼盘周围的客户来说，他们均属于中低收入阶层。对于这种200多平方米的大户型，他们根本消费不起。另一方面，对于那些能买得起大户型的客户来说，他们也不愿意和只能消费80平方米的小户型客户住在一起。除此之外，大量绿化、环境方面的改进工作也会增加客户购房的成本。

在具体销售过程中，也经常会出现案例中因为混淆概念，将"卖点"等同于"买点"而销售失败的情况。例如卖保健品的夸大产品特点及其功效，甚至上升到医学上的功效，忽略客户的真实需求及实际"买点"。

销售人员必须明确"卖点"和"买点"两者之间的联系性和差异性，既不能将产品的"卖点"等同于产品的"买点"，也不能将"卖点"分离于"买点"。真正做到"以客户为中心"，有针对性地引导客户的认知，而不是试图"全面教育"客户，让其全盘接受企业所传递的"卖点"信息。只有在此基础上，将"卖点"转化为客户能够接受和认同的利益和效用，才能完成销售。

用鱼饵吸引目标客户主动上钩

一般情况下，"钓鱼"包含两方面因素：其一，去哪里钓鱼；其二，用什么样的"鱼饵"吸引"鱼"上钩。

其一，去哪里"钓鱼"。

"钓鱼"之处实际上就是销售人员对目标市场的定位。想要实现有效销售就必须有明确的市场定位。一般而言，选择目标市场要从以下几个方面来考虑：

（1）购买力

选择目标市场最重要的就是考虑购买力，目标市场的客户对于销售人员提供的产品或者是服务是否具有足够的潜在购买力。购买力的大小在一定程度上决定了市场潜力的大小。

（2）适应能力

目标市场的需求变化趋势需要与产品的更新趋势相吻合，只有这样，产品才能不断适应市场需求，实现长期销售，而不只是一锤子买卖。

（3）竞争力

在竞争力的选择上面，销售人员应该尽可能地选择那些目标市场的竞争者数量较少或是竞争激烈程度相对较弱的细化市场作为目标市场。

（4）销售力

在销售力上面，最好选择有可利用的分销渠道或者是可以独自建立新的分渠道的市场。只有这样，才能以较合理的成本进入市场，进而充分发挥自身的销售力。

其二，用什么样的"鱼饵"吸引"鱼"上钩。

就像钓鱼最常用的鱼饵就是蚯蚓，销售最常用的"鱼饵"具有以下几个特点：

（1）极具诱惑

"鱼饵"之所以又被称为"诱饵"就是因为它存在着诱惑的特性。例如，高价产生价值，低价产生欲望，高价的商品低价格售卖会带来双重的诱惑。这也是很多销售人员吸引客户惯用的销售方法。

在市场中我们经常可以看到这样一种现象：很多消费者蜂拥至某低价促销处，争相购买某商场产品；很多客户为了能买到限时打折的产品提前在超市门口排起了长队；还有些消费者为了获取奖品优惠，主动参与到商家的活动之中。

这其中利用的就是低价的诱惑力，利用低价格的"鱼饵"来激发客户内心的购买欲望，客户纷纷主动上钩，参与到购买的行列之中。

（2）超常结果

一切超出人们正常预料结果的事物都能够唤起人们的强烈兴趣。同样，所有能带来超常结果的产品或服务都能够在给客户带来惊喜的同时，刺激客户主动购买。例如，小米一直秉持为客户提供超出期望值的产品和服务，通过给客户营造一种惊喜心理和满足感来维持自身产品的生命力和吸引力。

（3）物以稀为贵

如果满大街都在卖同一件产品，自然不会吸引客户来主动购买。如果产品足够独特、新颖，表现出一定的稀缺性，那么自然就会成为吸引客户的独特卖点。

例如，"瓜子"二手车"没有中间商赚差价"，六味地黄丸"不含糖"，"江中"猴菇饼干"养胃"。这些产品在进行品牌销售时，都会突出强调产品本身的特性，有效区别于其他同类产品，让客户被吸引的同时，也记住了该品牌。这也是很多企业在产品独特性研发方面大费周章的原因。因为只有不断创新，打造出别出心裁、个性化的优质产品，才能加强自身品牌的宣传，吸引更多忠实客户的购买和追捧。

　　总而言之，想要吸引客户主动上钩，既需要明确目标市场，同时又需要知道什么样的"鱼饵"最吸引客户。只要定位出准确的目标市场，制造出客户喜闻乐见的"饵料"，那么客户主动上钩便是自然而然的事情。

羊群效应：不妨让老客户做"鱼饵"

"羊群效应"也叫"从众效应"，是一种社会心理现象，是指个人的观念或行为在真实或者是想象群体的影响或压力之下，朝着与多数人相一致的方向变化的现象。

某高校举办一次特殊的活动——请化学家展示他最近发明的某种挥发性液体。当主持人将满脸大胡子的"化学家"隆重介绍完毕之后，"化学家"就开始了他的示范表演。他用故作高深的语气对同学们说："我最近研究出了一种强烈挥发性的液体，现在我要进行实验，看要用多长时间能从讲台挥发到全教室，从现在开始，大家只要闻到一点气味，马上举手，我要计算时间。"

说着，他打开了密封的瓶塞，让透明的液体挥发出来。不一会儿，后排的同学、前排的同学、中间的同学都先后举起了手。不到2分钟，全体同学都举起了手。这时候，"化学家"摘掉胡子说明自己只是一名普通的化学老师，并且真诚而微笑地告诉大家："其实瓶子里装的并不是什么挥发性液体，而是蒸馏水。"

这个实验，形象而真实地说明了"羊群效应"——看到别人举手，很多人也跟着举手。实际上，他们并没有撒谎，而是受到"化学家"的言语暗示和来自其他同学的行为指导，出现了嗅觉错觉，最终加入到了举手的行列之中。

"羊群效应"在生活中随处可见。在销售中，商家和销售者经常会采用同一种销售策略。比如在某大型商场门口或者是食品销售处，经常有人不知道具体情况就随大流排起了长队。事实上，前面排队的人可能只是商家找来的"领头羊"。

也就是说，想要充分利用羊群效应，第一步必须找到合适的"领头羊"。领头羊在羊群效应中担任着领导的角色。领头羊到哪里去"吃草"，其他的羊也去那里"吃草"。而对于销售人员来说，最好的"领头羊"莫过于老客户。有这样一句销售真理：开发十个新客户，不如维护好一个老客户。老客户就好比是吸引新客户上钩的"鱼饵"，通过自身的行为来诱发新客户产生同样的行为。

那么，如何有效发挥老客户的"鱼饵"效用呢？

1. 收服老客户，形成稳定资源

通过经营人心，收服老客户，让老客户对产品、服务以及销售人员形成信任和依赖，从而强化其消费行为，吸引更多的新客户、新资源。因为老客户已经和销售人员建立了联系，所以想要进一步收服并不难。最常见的做法就是给予老客户一定的好处，例如会员优惠、积分兑换、老客户回馈等策略。

2. 扩大老客户影响力

老客户对于销售人员的业绩有着强大的巩固作用。通过老客户宣传扩大产品或服务的影响力，进而带动更多新客户的支持和参与，远比销售人员自己吆喝要有效果。例如，与老客户之间建立良好的"联盟"关系，增强老客户对产品和服务的认同感；给予老客户更多的权益，诱发老客户主动宣传，等等。这些都是较为合理的销售策略，不仅能有效地发挥出老客户的价值，而且能发掘出更多的新客户。

巧妙设问，"问"出特定的目标客户

你是否一直找不到目标客户？你是否觉得客户的心思很难猜？你是否还在为销售业绩而焦虑不堪？对于每个销售人员来说，这是销售过程中经常会面临的问题。

实际上，客户都是来自四面八方的陌生人，客户的需求往往是各种各样的，即便是购买同一种产品，不同客户的要求也是千差万别的。在这种情况下，销售人员想要找到目标客户，想要了解客户的需求，就需要主动和客户进行交流、主动提问。

某网络公司的销售员小何去拜访陌生客户："您好，我是某公司的小何，很荣幸今天能够见到您，想请教您几个问题。"

对方点了点头。

小何紧接着提问："你们行业内有不少公司向我们咨询如何做好产品分类管理和市场推广。您对此有什么好的经验吗？"

该问题恰好是对方所熟悉的领域，回答起来自然头头是道："我们公司有专业人士负责仓库管理，对于产品的管理、分类以及销售数据量，都会进行每天更新。"说到这儿，对方忍不住埋怨了一句，"虽然有明确分工，但是也存在办事效率不高、时效性不强的问题。"

小何接着问："那贵公司现在有没有使用互联网技术进行数据管理呢？"

对方答道："我们公司暂时用不到这些网络新技术。我们一直采用人工处理和记录。"

听到对方这么说，小何也没有急着去反驳，而是进一步提问："您一定知道你们行业内某某公司吧？他们公司之前不管是从管理效率还是人员分配上面都没有你们公司做得细致有条理，存在很多问题。如今他们不仅把这些问题都已经解决了，并且工作效率比原来提升了至少两倍！"

对方一脸惊奇地问道："他们是怎么解决的？"

小何回答："他们使用了互联网技术管理，不仅节省了人力，每天也能够及时跟进产品的进、销、存储等情况，对于公司的内部管理既准确又严格。"

对方着急地问道："新技术果真有效，那我怎样才能够引进新技术？"

接下来小何详细地为对方讲解了这一新技术的管理情况，最终促成了合作。

小何通过一步一步地提问，先是将对方引入话题，然后引出对方的需求所在，同时结合其他公司成功运用的案例形成一定的依据性，让客户感兴趣的同时产生信任感，最后达成了交易。如果小何一上来就对客户推荐自己的新技术有多好、多棒，可能对方并不会耐心地和他交谈那么长时间，更不会对他的新技术感兴趣甚至购买。

所以，通过巧妙设问，步步推进，可以得到更多的客户需求信息，帮助我们促进成交。当然，提问并非是随便的，在提问的过程中销售人员需要掌握以下几点提问技巧：

1. 问题直接有效

销售人员在进行提问时，要尽可能地切中要害，问到点子上。

例如："您之前对我们公司的产品做过了解吗？""您对我们的产品存

在哪方面的意见或是建议吗？""您对哪种产品服务更为满意一些？"这些相关性较强、有明确答案的提问都能够帮助我们问出想要的客户信息。

反之，如果提一些不着边际的问题，例如客户的私人问题、感情生活，不仅会提高客户的警惕性，而且会导致偏离主题，反而不利于成交。

2.问题简明扼要

噼里啪啦说了半天，让人抓不住重点。这是很多销售人员在推销过程中容易犯的错误。这种销售方式不仅让销售人员自身感到吃力，同时客户听起来也觉得很累。所以，销售中简明扼要的推销方式，才是大众可以接受的。在销售中，我们应通过以下方法来简化自己的观点：

（1）将产品特性以简单明了的方式归纳下来，帮助自身形成记忆。

（2）在拜访客户或者是推销之前，事先做好销售文案策划，将核心点记录下来。

（3）在提问的过程中将问题形象化、生动化、幽默化，形成长久的吸引力和凝聚力。

（4）培养自己简明扼要、讲话说重点的能力。这些方法都能够在一定程度上帮助我们清晰地表达自身的观点，保持观点的吸引力，有效地引导客户。

3.问题有针对性

有针对性地进行提问并非是刻意针对客户，而是对于问题的选取方面需要根据客户自身情况，进行独特而有效的提问，例如客户的兴趣、喜好、需求等方面。这些都有利于我们更加全面地掌控客户信息、把握客户需求。不过这些问题一定要建立在客户愿意回答的基础之上。

除此之外，在销售过程中我们也应该尽可能避免一些有争议或者是刺激和敏感性的问题，如家庭收入、婚姻状况等，这些个人隐私问题可能都会给客户带来心理上的不适。一旦客户产生排斥、反感心理，就会阻碍交流的进程，不利于成交。

总的来说，提问暗藏玄机，需要巧妙运用。销售人员需要对客户的性格、需求、内在偏好进行分析和了解，在此基础之上有效利用提问来挖掘和激发客户的需求和欲望，成功"问"出关键点，从而促进销售的成功！

第三章

▶▶

破冰心理学：他为什么不愿意跟你谈

在与客户沟通的过程中，为什么很多客户不愿意向我们透露自身的想法？一方面是因为客户不相信我们，对我们抱有戒备心；另一方面是因为我们并不能真正理解客户，不能做到以客户为中心。想要有效破解客户心理，需要做到三点：首先，需要为客户着想，站在客户的利益点上，尊重客户、理解客户；其次，在销售过程中根据客户变化转换销售方式，真正把话说到客户心坎上；最后，尽可能地为客户提供善意的帮助和良好的服务，用心感化客户。

焦点效应：把客户当成一切的中心

"焦点效应"是指把自己当作一切的中心，高估了外界对自己的关注。这在心理学中，是普遍存在的现象。

在日常生活中，这种心理现象也会经常出现。例如和别人聊天，我们喜欢将话题引到自己身上来；欣赏照片，我们也只喜欢寻找自己或者与自己有关的人物。每个人都希望成为众人关注的焦点，都希望以自我为中心。

正是因为每个人都有焦点效应，所以这一心理在销售中也具备用武之地，是一种有效的销售手段。不过，在现实生活中，很多销售人员在推销产品时，习惯性地以产品介绍为主，一上来就对客户说："我们的产品基本特点有哪些，它有什么优惠，有什么优点……"

事实上，客户真正感兴趣的是自己能够通过购买获得什么，是获得更多的自我满足还是获得产品带给自己的好处？总之，客户关注的是与自身息息相关的一切。

一个销售人员走进客户的办公室，不巧客户正在打电话。销售人员和客户点头示意之后静静地坐下来，开始观察办公室陈设。椅子后面是一个大的书架，书架上整齐地摆放着各种名著和一些经管类的图书，旁边的墙上还挂着一幅被裱起来的书法毛笔字，看起来极富有诗书韵味。

等到客户打完电话，销售人员说："××老总，一看就知道您是有文化的人。""哦，此话怎讲？""刚才我看了一下您房间的布置，这些书和墙上的字充分说明您是个有高雅情趣、爱读书的文化人。"客户听完哈哈大笑："爱读书写字是不假，文化人可就不敢当了！"

经过这样一番交谈，客户对销售人员产生了好印象，并且愿意与其交流。紧接着，销售人员抓住时机，主动切入正题，谈起了产品。当谈到产品价格时出现了僵局，这时候销售人员又将话题引到客户身上来："咱们先别纠结这价格问题了。我一直想在自己办公室也挂上一幅书法作品，不知道是否有幸求得您的墨宝？"客户一听，喜笑颜开，假意推托一番之后就拿出了笔墨纸砚，准备大显身手。这个小插曲，使之前紧张的氛围得到缓和，谈话也顺利进行。最终，经过一番愉快的沟通，销售人员不仅取得了客户的信任，而且成功销售出了自己的产品。

在销售过程中，很少有客户会一开始就对产品感兴趣，绝大多数的兴趣是通过销售人员的引导而产生的。而焦点效应则是引发客户兴趣，带动客户积极性的最佳手段。在销售过程中，应该如何把客户当成是一切的中心呢？

1. 给客户营造"聚焦感"

在与客户交流时，销售人员尽量不要一上来就提及产品的事。这可能会在一定程度上降低客户的兴趣和热情。

如果我们一开始就谈到与客户相关的话题，比如谈论客户个人成就，谈论客户引以为傲的事情等，这些话题的引入能够给客户营造出一种自己被"聚焦"的感觉，同时产生强大的吸引力，有助于客户打开话匣子，从而推动销售的顺利进行。

2. 记住客户个人信息

对于客户的信息要铭记，并非是指一些私密的个人信息，而是一些能够彰显出客户独特性和亮点的个人信息，例如名字、职位、生日等个人专属的信息。这些信息有利于加强与客户之间的亲密关系。

3. 关注客户优点，及时夸赞

每个人都喜欢被他人赞美，都希望自身的优点能够得到他人的赏识。所以，在销售过程中我们应该充当"伯乐"，善于发现和关注客户的优点，及时赞美客户。

例如，服装店销售员说："你就是天生的模特身材，这件衣服穿在你身上简直就像是定做的一样。"家具推销员说："像您这种品位较高、追求生活品质的客户，我们当然为您提供最优质、最环保的产品。"

类似这种赞美，在销售中起着"一石二鸟"的推动作用。它不仅能够有效融合产品自身的特点，而且能够提升客户内心的自我满足感，让客户感觉到被尊重与被重视，最终将产品与客户联系在一起，对客户产生强大的吸引力。

用客户感兴趣的话题开场

如果把销售产品比喻成一道"正餐"，那么用客户感兴趣的话题开场就好比是一道"开胃菜"。销售人员想要让客户更好地享受这顿美餐，就必须充分借助"开胃菜"吸引客户的兴趣，激发客户品尝美味的欲望。

一般情况下，客户是不会马上对某项产品和企业信息感兴趣的。客户进入状态是一个循序渐进的过程。

如果销售人员在一开始接近客户时就滔滔不绝地进行推销，那么就很难引发客户的好奇心、激发客户的兴趣，甚至很有可能会惹来客户的反感，最终导致销售不能顺利进行。反之，销售人员在开场白中就提及客户感兴趣的话题，那么接下来的谈话自然会顺利很多。

吴老师是一位摄影师，经常在外奔波，拍外景、动物之类的。据说他有点老顽固，很多销售人员都在他那里吃了败仗。保险业务员小李偏要碰一碰运气。

刚一见面，小李并没有急着说保险产品以及有关销售方面的话题，而是以"摄影"开场："吴老师，听说您是一位了不起的摄影师。请问您平时都去哪些地方拍摄呢？"

吴老师一听，立刻打开了话匣："我也只是在爱好的基础之上，专业一些而已。我平时喜欢去比较冒险、刺激一些的地方。"

小李问："是吗？听起来很有趣，您是去那里寻找拍摄的灵感吗？"

吴老师说："算是吧，我特别享受那种刺激而又冒险的感觉，而且在那里我可以拍到不一样的风景。"

小李说："哦，确实有很多地方都是很危险的，比如一些陡峭的山峰、湍急的河流……"

吴老师说："是的，防范意识随时都需要。"

小李说："吴老师像您这么见多识广，肯定知道这其中的危险性。"紧接着小李就和吴老师讨论起了保险的重要性，就在不知不觉中话题切到了保险销售上。最后，小李根据吴老师的需求为其推荐了一款保险套餐，吴老师不但愉快地埋单，还不停地感谢小李。

小李充分利用吴老师感兴趣的话题作为开场白，不仅吸引了客户，成功将对方拉入话题之中，而且营造了相对轻松、愉悦的沟通氛围。他们聊得非常投机，信赖感不断增强，最终促进了成交。

在销售过程中，如何找到有效的开场话题来激发客户兴趣？

1. 客户的兴趣爱好

一般情况下，客户的兴趣和爱好容易集中客户的注意力，激发客户畅所欲言，例如体育运动、饮食爱好、休闲娱乐方式等。要想快速掌握客户的兴趣爱好信息，除了提前做工作，如向他身边的人打听、网络搜集信息等，最重要的还是要在见面的时候，通过观察他所处的环境细节、向他提问等方式直接获得。

2. 当下热点话题、奇闻逸事

以当下时事新闻、体育报道等作为沟通的开题，容易唤起客户的强大兴趣。销售人员可以每天早上浏览一些热点新闻、焦点话题，以此作为沟通的开题，快速地和客户建立沟通关系。

3. 谈论工作、家庭、孩子

谈论工作，可以在一定程度上满足客户内心的骄傲感，让客户觉得自身有成就、有价值，所以愿意分享自身的成绩；谈论家庭、孩子，这些都是能让客户感到温馨和快乐的话题，能够升华他们内心的感情，并且容易让客户放下戒备之心。所以，销售人员也可以利用这一话题引入到销售之中，激发客户内心的认同感和信赖感。

　　良好的开场白，等于成功销售的一半。在销售中，尽可能用客户感兴趣的话题开场，这样既能够快速吸引客户的注意力，取得客户的信任感，又能够快速了解客户需求，创造成交的机会。

没有客户喜欢"产品讲解员"

在销售中，我们经常会看到这样一种现象：销售人员在那里喋喋不休，客户听了半天却根本没有要买的意思；销售人员苦口婆心地说产品怎么怎么好，可是客户仍旧挑三拣四、一脸抱怨。出现这种现象的原因是什么呢？为什么销售人员口若悬河，把产品说得天花乱坠，客户却不领情呢？

事实上，没有客户喜欢"产品讲解员"，更没有客户愿意花半天时间坐在那里听你"打广告"。

某大型商场门口举办商品售卖活动。在活动前期，由于免费赠送礼品，吸引了很多人前来捧场。等到客流量达到一定规模后，该商场立刻结束了礼品发放，直接进入产品推销环节。

销售员："大家安静一下，下面进入我们的产品展示环节。"

客户："产品？"

销售员："今天我们将推出新一代产品——××厨具。从外观上来看，产品比之前更加高端大气、上档次。我们的色泽、材料、质地也都是属于高端型配置，尤其是在材料上面我们采用了天然、无污染的材质，既可以节能，又可以减少污染，能够为您的厨房增添一抹天然的味道……"

不到10分钟，客人就走了一小半。销售员却依然在台上侃侃而谈："说到我们产品的特性，不得不提及产品的无污染、无气味、无油烟的功效，大家都知道厨房很容易布满油烟和污垢，而我们的产品能够一一克服这众多难题。我们的产品能够快速吸纳大量油烟，保证房间的清洁度；我们的产品还能够为您提供更加合理、宽敞的空间，保证您的房间布置整齐、合理。"

有客户在下面抱怨："叽里呱啦说半天，礼品也不发，产品也不示范，说得再好有什么用呢？"

销售员听见了抱怨，赶紧解释："大家先不要着急，听我把产品的功能、特性介绍完，相信你们一定会爱上我们的产品。除了以上的功能特点之外，我们的产品还具备……"

销售人员仍然沉浸在产品的解说之中，之前聚集的客户却一个个都离开了。

上面的案例中的销售人员就是典型的"产品讲解员"。在活动过程中，销售员一直沉浸在产品的讲解和推广之中，没有顾及消费人群的心理和需求。客流是因为兴趣而聚集起来的，又是因为销售员对产品不断讲解而散去的。

说到这里，很多销售人员开始疑惑了：推销产品是销售人员的最终使命，如果忽略使命，一味地按照客户的想法来走，岂不是很难做到产品的有效推销？

事实上，这只是片面的想法，销售的最高境界并不是自己滔滔不绝，而是在向客户推荐产品的时候，做到有的放矢，既能让客户充分了解到产品的特性，又能够引起客户的兴趣。

我们可以通过以下几种策略来实现：

1. 重点化

表达时最忌讳的就是说话无重点，在产品推销过程中更应该避免这一点。有时候销售人员叽叽喳喳说半天，又好像什么都没说，最终导致整个推销过程枯燥无味，难以留住客户。

实现说话有重点的具体方法有：

（1）建立句子之间的逻辑性。比如，说话的时候多用一些首先、其次、然后这样的逻辑词；或者对内容进行概括分类："这款产品具有三大特点：智能、节能、全能……"

（2）找到直击客户需求的关键词，然后围绕关键词来说。比如，客户非常关注产品的后期维修问题，销售人员就要重点围绕"售后服务"这个关键词来讲。

（3）有总结、有归纳。比如，在说话的结尾处做一个对整体表达内容的总结。

2. 利益延伸化

在销售过程中，很多客户经常会存在这样一种心理：产品有什么样的特点与自己没有直接关系。这种心理会降低客户对产品的兴趣，同时也难以让客户看到产品的价值所在。

因此，想让客户记住你的产品，想在同类产品中脱颖而出，就需要对产品进行利益延伸。首先，将产品特点和用途放大、延伸，体现出产品的价值。其次，将客户与产品的关联性充分结合在一起，让客户能够看到拥有产品之后带来的好处，这样客户才会融入其中，更加容易接受产品。

3. 设身处地化

正所谓："子非鱼，焉知鱼之乐？"在销售过程中，很少有销售人员能够设身处地为客户着想，这也就是为什么搞不懂客户心思的原因。

销售人员想要了解客户的内心需求，掌握更多的客户信息，首先就应该设身处地为客户着想。例如，"如果我是客户，我希望听到怎样的销售内容？""假如我是客户，会不会产生购买欲望？"这些有效的换位思考，都能够帮助我们准确定位客户需求。

其次，当我们定位好客户需求，就能够以一种"同理心"去推销产品。从客户的需求出发，根据客户的具体情况以及需要来介绍产品，说客户想听的话，而不是一味地说公司品牌怎么样，产品具备哪些特质、优点。这些都不是客户愿意听到的。

总而言之，没有客户喜欢一个宣传产品的"复读机"。他们真正喜欢的是实际的、有效的，能为自己带来效益、满足自身需求的产品。如果一个销售人员能够将产品的解读建立在这些心理需求之上，怀着同理之心进行销售，方可实现成交。

客户推托借口背后的心理原因

心理学研究表明：准客户在一开始就会摆出拒人于千里之外的姿态，很多时候并不一定是要拒绝销售人员或者是销售产品，而是出于一种人类对无知事物产生的恐惧本性，或者仅仅是想抗拒销售员对其带来的变化或者烦恼。

在销售过程中，客户的拒绝分为两种：一种是真拒绝，一种是假拒绝。两种拒绝的心理原因存在着很大的差别。真拒绝一般表现得比较决决、果断，不给销售人员任何机会，不过也有个别客户习惯以委婉的方式拒绝。假拒绝则被称为暂时性拒绝，并非是真正的拒绝、抵抗。它仅仅表明客户没有立即同意。其实客户内心真正想要表达的是："给我一个强有力的购买理由。"他们想借助理由来攻破之前所存在的种种心理芥蒂。

面对客户的众多拒绝、推托理由，究竟孰真孰假，是自然反应还是抗拒反应？其背后有何心理原因？一般情况下，客户推托借口背后的心理原因主要有以下几种：

1. 天生抗拒心理

每个人面对陌生的环境、陌生的人难免都会产生一种抗拒心理，内心流露出一种对无知事物的恐惧，甚至产生排斥和抵触的情绪。销售人员面对这一抗拒心理大可不必放在心上，因为经过一番熟悉和主动交流之后，会慢慢缓解尴尬和紧张的气氛。随着不断交流互动，客户的抗拒心理也能够慢慢化解，彼此建立一种新的关系。

2. 挑剔心理

俗话说："越挑剔，越有戏。"资深的销售人员通常会发现，那些全程都客客气气的客户往往购买的可能性比较小，反而那些挑三拣四、发表不同意见的客户才是最终真正购买的。

所以，在产品推销过程中，销售人员不要介意客户挑三拣四，更不要跟客户争辩，而是应该抛开以往对挑剔型客户的成见，正确看待客户的挑剔心理，耐心、细心地为客户讲解，最大限度上满足客户的种种需求。

3. 自我防卫心理

人天生都会有一种自我防卫心理，尤其是遇到需要花钱的事情往往更为谨慎，生怕自己上当受骗。事实上，客户的防卫心理是在向销售人员寻找安全感，希望从销售人员这里得到产品保障以及一些心理上的安慰。

例如，"你们的产品有售后服务吗？""你们家的产品确定是正品？"这些都是自我防卫心理的表现，客户渴望从销售人员的答案中，获取购买的理由以及产品的安全感。所以，我们需要做的就是找到客户存在的防卫点，进行有效消除。

4. 不了解产品真正价值

很多客户之所以在产品推销的过程中拒绝或者是推托，其主要原因是他们并不了解产品真正的价值，并没有真切体会到产品会给自身带来哪些益处，就容易武断地否决或者推托。

在一家汽车4S店里。

销售人员："您好，请问您需要一款什么类型的车？"

客户："我想选一款最近卖得比较火的。"

销售人员："可以啊，请您到这边来看看。"

客户："就这款吗？"

销售人员："这就是我们当下卖得最好的一款车，在最近半年里销量第一。"

客户："有这么好吗？"

销售人员："这款车型既然能够卖得这么好，就已经说明它很棒了！"

客户撇了撇嘴，表示出质疑。

销售人员："您不相信可以找其他销售人员问一下。"

客户摇了摇头，走开了。

销售人员心里嘀咕：怎么说得好好的就走了呢？

客户却在心里抱怨：你在这儿介绍了半天，一直在说这款车卖得有多好，却没有具体告诉我这款车为什么卖得好，有哪些具体功能、用处，我怎么能够相信你的话呢！

客户之所以没有选择购买，主要是因为自己根本不了解这款车的好处。销售人员只是一味地陈述车的销量好，却没有具体指明车到底好在哪里，比如车的外形、内在功能等这些方面都没有做具体详细的说明，所以无法说服客户购买。

5. 害怕做出错误决定

在销售过程中，还存在一种犹犹豫豫、徘徊不定的客户。这种客户被称为"小心翼翼"型客户，他们有着超强的警惕心理和害怕上当受骗的心理。对于这类客户，销售人员就要提供一个强大的足以彻底化解其内心深处恐惧根源的理由，坚定其购买的决心，才能够实现成交。所以遇到这类客户的时候，销售人员就要发挥主导作用，利用专业的介绍和强大的说服力来坚定客户的购买心理。比如，"我可以跟您保证，没有第二家比我们家优惠了！""我们家的产品质量一直都是优质的、最好的！"销售人员可以通过产品的一些价值介绍以及坚定的口吻来说服客户，激发客户购买心理。

6. 真的没有能力购买

很多客户在经过销售员苦口婆心的讲解和讨好之后，也曾表现出对产品的认可，但是最终在购买这一环节却迟迟不肯做出决定。面对这种情况，我们也不排除另一种重要原因：可能真的没有能力购买。这时候，仍旧坚持推销就失去意义了，因为无论怎样客户都不会购买超出能力范围的产品。

总而言之，客户推托的借口会有很多种，但是每种拒绝的背后都有其原因和解决的方法。在销售的过程中，我们只有仔细甄别客户推托背后的真正原因，找准心理空缺，对症下药，才能够真正突破客户的心理防线。

谈话过程中，多动耳朵，少动口

提到销售，绝大多数人第一反应就是口才较好、能言善辩的人才可以做，可事实并非如此。研究表明，在销售中有80%的成交是靠耳朵来完成的。

倾听是一种典型的攻心战略，一个不懂得倾听，只是夸夸其谈的销售人员不仅无法获取有关客户的各种信息，而且会引起客户的反感。做一个倾听者，既能够满足客户心理上受尊重的需要，又能够有效获取客户信息。

不过，倾听客户不仅仅是简单地听文字语言，还要善于倾听客户说话背后的音调、语气，了解客户"话里"和"话外"所隐含的信息。

1. 讲究倾听礼仪

说话讲究一定的礼仪，倾听也讲究礼仪。销售人员在倾听的过程中应该尽量避免一些不雅的举止，例如擤鼻涕、掏耳朵、剔牙齿、修指甲、打哈欠、打喷嚏等。这些小细节虽然不会带来直接的影响，但是会在一定程度上降低客户的好感，甚至会给客户一种不被尊重的感觉。

除了具体形态礼仪之外，销售人员还应该重视一点：不要出现打断行为。谈话过程中最忌讳的就是打断，轻易打断客户不仅会打扰客户讲话的兴致，也会体现出对客户的不尊重、不重视。

在一次产品推销会上，客户王女士作为被邀请的嘉宾，前去活动现场代表广大客户接受回访。

销售员："您好，王女士！请问您是从什么时候开始使用我们的产品的？"

王女士："我从2013年就开始使用你们公司的产品，这期间几乎没有中断过。"

销售员："那您认为我们的产品有哪些特点，在哪些方面吸引了您？"

王女士："对于你们的产品的特点作为老客户还是非常了解的。记得当时我第一次购买该产品的时候，是因为被产品的外观所吸引，当时就想着内在和外观是否一样出色呢？于是对产品本身就有了进一步了解的欲望……"

这时候，销售员开始出现一些懈怠，失去了耐心。

销售员："好的。王女士，时间有限，关于这个问题我们就先了解到这里。下面我们进入到下一个环节的问题。"

王女士突然被打断，心里难免有些失望："明明主动邀请我来的，我还没说完呢，就被随意打断了。"

这时销售员紧接着提问："请问您对我们目前的产品有哪些建设性意见？"

王女士："建设性意见倒是谈不上，不过我在使用的过程中还是发现了一些问题。例如产品的包装上面越来越不重视实用性，经常采用一些绚丽的图案、花纹来提升产品的卖点。首先，这种眼花缭乱的包装会给客户一种华而不实、没有实用性的感觉。其次，在产品的质量上，也经常会出现一些小瑕疵，这说明了公司在产品质检方面的工作没有落实到位。此外，在产品的销售方面应该……"

王女士在表达自身观点的过程中，销售人员一会儿玩手机，一会儿发呆，完全不在意王女士说话的内容。

等到王女士讲完后，销售人员继续问道："王女士，我们还有最后一个问题。请问您对我们的产品和服务满意吗？如果满分为十分，您会打几分？"

王女士冷笑了一下："如果给今天这些在场的销售人员打分，我会给你不及格，我对于你今天的表现非常不满意，你作为倾听者连最起码的尊重都没有。"

王女士充分并且全面地表达了自己的意见，然而说的话却没有得到销售员的认真对待与尊重。一个不懂得倾听礼仪的销售人员，永远也不可能得到客户的真心。

2. 有针对性倾听

在谈话过程中，很多时候客户可能会畅所欲言，废话连篇。面对这种类型的客户，我们就需要进行有针对性的倾听，根据其表达内容进行筛选和分析，找出其中的重点、关键点。当然，如果客户在谈话的过程中将话题扯得太远，我们就需要进行适时的引导和调整。这样便于我们快速获取客户的有效信息，提高整体沟通的质量。

3. 听"音"、听"意"

倾听是一门心理上的攻略。在倾听过程中，精明的销售人员可以借助谈话内容分辨出客户的性格、心理、需求等重要信息。例如从听"音"方面，我们可以根据客户的语调、语气、表情来分析客户的性格、态度、行为习惯等；从听"意"方面，我们可以根据客户表达的内容来分析客户的内在需求、消费心理。这些都能为我们的销售工作提供了重要的线索和策略，帮助我们实现有效成交。具体如何从语调、语气、表情以及内容上听出客户的需求，在后面的章节中我们还会做更深入的介绍。

总而言之，销售是一场以客户为中心的谈话。想要全方位、深层次地了解客户内心的需求就需要我们去倾听客户，了解客户的心声，而不是抢占客户的话语权。

停止侃侃而谈，多观察客户的情绪

在心理学上，一个人的情绪往往比思想更能引导他的行为。情绪的背后透露的是一个人的心理动机和行为反应。

在与客户相处的过程中，想要随时随地体察客户动机、掌握客户心理反应，就应该时刻观察客户的情绪，并且根据客户的情绪波动，采取不同的应急方案和销售策略。如果销售人员一味地沉浸在夸夸其谈、滔滔不绝的说话角色中，就很难分散出精力去观察客户情绪，洞察客户心理，最终也就不利于做出精准的需求分析和定位。

胡女士准备购买一辆新车，她到汽车市场转了一上午也没有找到一辆适合自己的车，要么是价格中意的款式不喜欢，要么是款式中意的价格不满意。顶着炎炎烈日，胡女士口干舌燥，心情很是不好。

一位年轻的销售员看到她眉头紧锁，就猜想她肯定在购车时遇到了麻烦，于是走上前对她说："女士，看您转了这么久，肯定累坏了吧？不如先到旁边的休息厅休息一下，买车最重要的就是买得舒心，价格、款式、配置一样都不能马虎，所以得慢慢来。"

本来打算回家的胡女士一听这话，立刻改变了心意，跟着销售员到一旁休息，并且说起了刚才的看车经历。销售员从胡女士口中了解到她想要的汽车款式和能接受的价格范围，便给胡女士推荐了一款车。胡女士一看到那款车就眉开眼笑，但很快又皱起了眉头。原来胡女士觉得这款车价格虽然不高，但担心车的功能会有所不足。因为她之前看到的同类型车的价格都比这个高。销售员告诉她这款车是在做优惠活动，而且到月底就结束了。胡女士听了之后，眉毛上扬，微微一笑，最终愉快地选购了这款车。

从心理学的角度来看，一个人的情绪往往会体现在一些微表情上。一个人在聆听时，会做出不同的表情转变，不同的面部反应则代表着不同的意思。

例如：

1. 当客户面部纠结在一起时，说明客户在怀疑你言语中的可信度。

2. 当客户用惊奇的目光望着你，说明客户对你的言辞表示感兴趣。

3. 当客户大笑、面部舒展时，说明客户赞赏你的观点。

4. 当客户目光凝结时，说明客户集中注意力在思考。

5. 当客户并没有直视你的眼睛时，说明客户对你所说的话并不相信和认可。

……

不同的情绪背后，反映了不同的心理变化以及某种看法和观点。在销售中，客户情绪蕴藏着重要的商机。从客户的情绪中，我们可以判断出客户对产品的满意度以及服务的满意度，还可以判断出客户究竟是认可我们的观点还是否定、怀疑等。当我们对客户情绪充分了解后，就可以采取相应的应对措施，调试客户不良情绪，避免情绪恶化。同时，当我们发现客户情绪良好时，就可以顺势加大销售力度，提高成交的可能性。

总的来说，有时候客户表达出来的内容，并不一定都在他的言谈之中，还有一部分可能隐含在其举止和表情之中。因此，当我们与客户进行交流互动的时候，不要一味地在意怎么将话讲好，而是应该结合客户的情绪状态，分析他们的心理动机，说客户想听的话，满足客户需要的"点"。

微笑的黄金感染力

微笑是一种内心情感的自然流露，在情感的建立和行为的引导方面都是极具感染力的。对于销售人员来说，微笑的力量也极为重要。它能够帮助销售人员与客户之间快速建立一种近距离的关系，增强客户的信任感和安全感。

在销售中，微笑感染力主要表现在以下几个方面：

1. 代表礼貌和涵养

微笑是真诚的体现，是友好的表示。它在一定程度上能够传达出一个人的内在修养。作为一个销售人员想要得到客户的尊重和认可，就应该尽量保持微笑，充分展现出自身的礼貌与涵养。正所谓："买卖不在，情义在。"这是最起码的销售素质和礼仪。

2. 表达尊重和重视

销售人员的外在表现决定了客户的外在表现。如果你对客户充满微笑，那么客户也会对你表示尊重；如果你对客户露出满脸嫌弃鄙夷，那么客户也会打心眼儿里讨厌你，拒绝你。总之，你付出什么，就会得到什么。只有你敞开心扉，满怀笑意地喜欢客户，客户才会喜欢你、信赖你。

美国"旅馆之王"的希尔顿，是世界著名的酒店创业者。事实上，他也是一位国际酒店集团成功的管理者。他所经营的希尔顿酒店，生意兴隆，业绩增长迅猛。其成功秘诀之一就在于要求服务人员展现出微笑的魅力。据说，希尔顿平时问员工最多的一句话就是："今天你对客人微笑了没有？"这句话成为酒店管理服务中的至理名言。

微笑是隐含情感最多的一项表达方式，也是对人感染力最强的一种表达技巧。销售人员想要打好感情牌，就需要多对客户微笑，将友好和善意深度地渗透到销售之中，有效利用感情牌和客户建立联系，维系情感。

3.传递心理情绪

声音往往传达着一个人的喜怒哀乐。例如，微笑时的声音是悦耳的，愤怒时的声音是强烈、刺耳的。在销售中，无论是电话销售还是面对面销售都需要借助声音去表达观点、传递声音。声音背后情绪的好坏会直接影响到沟通效果进而影响到销售结果。

某公司在创立之初，由于资金和人力有限，所以在公司拓展业务方面经常采用电话分批邀约客户。在公司第一批电话邀约客户中，电话邀约的成功率只有仅仅20%。为此，老板亲自深入到电话推销员的工作中进行调研。他发现很多电销人员虽然很卖力地邀请客户或者是推荐产品，但是在语调和语气上面都有点太着急、太生硬了些。这对于客户来说就会产生不好的第一印象。接下来，客户根本不会静下心来听他们把话讲完。于是，老板对电销人员提出了一个工作要求，打电话的时候必须保持微笑。就是这样一个小小的改变，该公司电话邀约的成功率提高到了80%。

相对于面对面销售来说，电话销售对语调、语气的要求更高。而能够打动客户的声音，一定是带着微笑的声音。

俗话说，伸手不打笑脸人。一个爱笑、会笑的销售员运气一定不会太差。

为肢体语言绑上信息的传递符号

　　除了"言谈"之外，"举止"也是促进沟通的重要因素。肢体语言作为语言表达中一个重要的传递符号，对于沟通结果起着至关重要的作用。对于销售人员来说，在销售中灵活运用肢体语言向客户传递一些"言外之意"非常重要。

　　一方面，肢体语言决定了客户对你的第一印象。初次见面，客户往往都是通过观察言行举止来判断销售人员的修养、素质、性格特点等。销售人员要想得到客户的好评，就必须借助面部表情、手势、肢体动作等体态语言，增强自己的表达效果和传达力度。

　　销售人员可以从以下两个方面来塑造肢体的灵活性：

　　1.经常对着镜子练习肢体动作。

　　2.去专门的形体塑形中心进行训练，以此增强自身动作的协调性和灵活性。

　　另一方面，销售人员也可以根据客户的肢体语言对客户进行心理层面的研究，推动销售。

　　一般情况下，不同的肢体语言传达着不同的信息：

　　1.当客户双手外推时，表示客户拒绝。

　　2.当客户双手外摊时，表示无可奈何。

　　3.当客户低头揣测时，说明客户在怀疑你话语中的可信度。

　　4.当客户在把玩手指时，说明客户感到不耐烦。

　　5.当客户有摸后脑的动作时，说明客户不太同意你的观点。

6. 当客户轻抚头发，说明他开始认可你的观点。

7. 当客户有摸耳朵的动作时，说明他在犹豫不决。

8. 当客户有点烟的动作时，实际上传递着同意的信号。

9. 当谈话时客户不直视你的眼睛而低头时，表示他还没有购买的意图或他不同意你说的条件。

10. 当客户用手遮着嘴巴时，表明客户存在不同意见，并且试图表达。

11. 当客户一只手来回抚摸着下巴时，表示客户正在评估你的想法。

12. 当客户背靠着椅子，双手抱着后脑或者是将双臂放在椅背上时，表示客户觉得无聊，对你的话并不感兴趣。

......

对产品究竟是满意还是不满意？究竟是有需求还是无需求？这一切的答案都深藏在客户的行为动作之中。所以说，对客户动作的观察和解读是帮助销售人员了解客户、掌握需求的关键技巧。

总而言之，肢体动作是除了语言之外最为有效的信息传递方式，对于销售沟通有着辅助和渲染的重要作用，是销售人员必须掌握的销售技巧。

没有人会拒绝"好意"

在销售过程中，对于人情的建立也是尤为重要的。虽说人心难猜、难辨，具有多样性、复杂性、多变性，但是有一点是毋庸置疑的，人心充满温度和情感，容易感化和转变。在与他人相处和交流时，想要了解和接近对方就需要给予对方好意、温暖、情感。

一般情况下，销售主要分为项目销售、门店销售、网络销售等几大类型。无论哪种类型的销售，想要成功都需要人情和利益两个方面的双重驱动。人情就是充分利用好意，打感情牌来感化客户，感染客户，促进有效销售；而利益就是利用好处来打动客户，激发客户的购买欲望，推动销售成功。

雯雯和小崔一起去某商场购物。小崔说："之前一直听你说这家店不错，我觉得很一般呀，为什么你每次都来这里买东西。"雯雯很神秘地告诉小崔："一会儿你就知道了。"

到了店内，雯雯就向销售员咨询最近有什么促销优惠活动。销售人员说："最近我们店活动很多，新推出的产品一律9折，并且老客户满100元可以立减20元；对于即将换季的产品更是将优惠做到了极点，一律5折。而且，所有人购物满150元就有优惠大礼包相送。"

听到这里，小崔再也抑制不住内心的喜悦，赶紧拉着雯雯前去选购产品。这时候，销售人员主动为她们拿来了购物篮，并且为她们提供有关产品方面的咨询。这种周到的服务和优惠的价格深深吸引了她们。

在准备付款的时候，销售人员对小崔说："美女，建议您办个会员卡，不仅能享受我们的会员优惠，而且会有积分兑换礼品。您这边需要的话，我立马就给您办，尽可能让您本次就享受到优惠。"小崔立刻点头同意。

销售人员借助商店的优惠活动和周到的服务，不断地为客户提供帮助，促进销售。面对如此热情的服务和优惠的产品，客户自然不会产生抵触和拒绝心理，甚至会对销售人员产生信赖。

那么，在客户眼中，"好意"主要体现在哪些方面呢？

1. 热情的态度

销售人员积极热情的服务往往会感化客户。即使客户没有立即对你的热情予以回应，但是这种热情的态度也会让客户愿意接近你、相信你。例如很多饭店门口都站着热情迎客的服务员，让顾客一走到该店的附近就能感受到来自这家店的热情。

2. 产品优惠

每个客户都希望用最少的钱买到最优惠、最划算的产品，也就是我们通常所说的贪便宜心理。所以，当销售人员将产品的优惠、好处展现在客户面前时，能够快速激发客户强烈的购买欲望。例如，阶段性打折促销，立减优惠，捆绑廉价销售，会员实惠价等。

3. 馈赠礼物

虽说礼物一般价格不高，但"千里送鹅毛，礼轻情意重"。销售人员利用一些恰如其分的赠品更加容易获取客户的心，唤起客户的购买欲望。例如，买一送一，老客户礼品回馈，任意购买可享受免费领取礼物等。这些馈赠的方式都能在一定程度上增加客户的消费欲望。

总的来说，销售人员应该充分把握客户渴求"好意"的心理。通过"好意"的行为与客户之间形成互动，用热情而周到的服务感化客户，用产品的利益和好处来吸引和激发客户的购买欲望，充分将人情和利益结合，双向驱动，推动成交。

第四章

▶▶

挖潜心理学：客户真的喜欢蓝色吗

成功运用心理学的最突出表现就在于能够深入挖掘客户需求，获取更多的潜在客户。在销售过程中，很多时候客户的心理需求并不是浮于表面的一种信息提示。我们想要达成交易，就必须不断询问和发掘客户心理需求，借助有效策略让客户的需求更清晰，满足更多的需求缺口，从而实现成功销售。

沉锚效应：设定需求供客户选择

通常情况下，人们在做决策时，思维往往会被第一信息所干扰，就像沉入海底的锚一样，思维被固定在某处。由此延伸出来的，用一个限制性的词语或者是设定的选择作为导向，达成行为效果的心理效应被称为"沉锚效应"。例如，两人出去吃饭，对于吃饭和见面地点的选定往往会受到第一信息的支配，转了一圈之后还是回到第一次选择的那家饭店；再如，许多初恋情人在分手后，再找的新恋人总是和初恋对象有几分相似。这些都是因为人们受到第一信息中的某些"设定"的影响。

在销售过程中，商家和销售人员同样可以借助"沉锚"中所具备的限制和固定作用来吸引客户。例如，很多产品包装说明上面附带着建议零售价，汽车销售标注市场建议价等。事实上，这些都是商家的营销手段，将指导价格作为一个衡量标杆，希望在消费者头脑中建立一个价格的锚定。

场景一：一女孩看中了一件标价1000元的风衣。由于价格不菲，在讨价还价之后最终以800元成交。按照成本价500元来看，商家获利300元，女孩也得益200元，双方都比较满意。

场景二："双十一"前夕，女孩在淘宝上看中同款风衣，标价1000元，折后700元，但转念一想，"双十一"可能会有更大的折扣力度，故没有及时买下。但到了"双十一"当天，女孩却发现该店家更改了商品信息，将标价提高到1200元后，再打折以800元出售。这一结果让女孩大为恼火，最终没买。

既然商品相同，最终售价都是800元，为何两个女孩会做出截然不同的选择？对比两个不同场景中客户的心理活动，我们会发现：在场景一中，女孩心中的初始价是1000元，商品最终价是800元，在女孩看来自身也从中受益200元。而在场景二中，商品最初在女孩心中的价格是700元，"双十一"当天却变成了800元，这就如同自己损失了100元。正是这种心理价位的差别造成了两个女孩做出截然不同的决定。

这个案例充分说明，人们在做出决策和选择的时候，很大程度上受到初始信息的干扰和限制，依赖于商家最终提供的心理价位，而不是商品本身。

在现实生活中，商家时常会利用沉锚效应，通过促销广告和宣传单的数字来影响消费者的经济决策，达到自身赢利的目的。

那么，如何有效使用沉锚效应？

1. 出售前，提前估价

在销售中，对于价格的设定有着一定的标准和讲究。合理的价格可以吸引客户，相应地，太低或太高的价格都有可能导致客户改变购买意愿，太离谱的价格甚至会惹怒对方。所以在价格的设定上我们需要提前进行估价。提前想好心中的目标价格，而不是等到谈判桌上再考虑。

2. 谈判中，先发制人

在销售谈判中，抢先报出自己想要的价格，永远是最好的策略。根据沉锚效应对人们思维产生制约的作用来看，先发制人的效果明显要好过后期的价格呈现。

然而，很多销售人员在谈判过程中存在一个误区，就是谈判气氛有时会非常紧张，双方都不愿意最先报价，生怕先开口就会暴露自己的策略、弱点似的。

事实上，先发制人才是有效销售的前提。因为先报出的价格会成为锚点，后续的谈判就会一直围绕着这个价格做文章，让客户在布下的"局"中，乖乖埋单。

3. 引导和牵制客户思维

在销售过程中，沉锚效应本身就起着制约和局限客户思维的作用，但可能不同客户受其影响程度不同，这就要求销售人员也需要发挥引导和牵制作用。

具体可以通过制定一些看似合理却暗藏玄机的价格分析让客户信服；也可以利用"价格黏性"把过去的价格作为新价格的一种参考（建议），坚定新的价格，从而维护自身的利益。

总而言之，不管是在销售活动中还是与在客户进行业务谈判中，沉锚效应都发挥着重要的商业价值。合理地运用沉锚效应不仅有利于我们在销售中赢得更多的主动性，掌控主导权，同时也可以将其转化为销售的利器，加速销售的进程，促进成交。

客户是真的没需求吗

在销售过程中，我们经常会遇到这样一种情况：客户明明提出自己在某方面存在需求，但是当我们对其销售时，却遭到了对方的拒绝，或者不了了之了。

面对以上情境，究竟怎么判断客户到底有没有需求？他们存在的需求是真还是假？尤其是对于新入职的销售人员来说，由于经验、社会阅历有限，很难通过客户的表达去分析和判定客户需求的真实度。

在销售中，当我们对客户的某种需求表示不确定的时候，可以通过辨别、判断、创造等有效方法来确定客户需求。

1. 区分刚性需求和弹性需求

刚性需求又被称为绝对需求。在商品关系中，它是一种受价格影响较小的需求关系，通常为日常生活中常见的商品和必需品。近几年来，刚性需求这一说法在房地产领域，以及汽车行业被人们较多提及。

在刚性需求方面，一旦有客户前来咨询，基本上都是有需求的。对于这种绝对需求，客户不存在过多的犹豫心理，他们只要认准某件商品就会快速地同意成交。

弹性需求是指一些市场竞争较为激烈、替代产品较多的非必需品。它在价格方面出现较大变动的情况下，便会吸引大量的客户，但在日常的销售过程中，准客户较少，需要进一步根据客户信息分析来判断是否具有内在需求。

某珠宝店在店庆活动中，为了回馈新老客户特意推出了全年的最低折扣价。平时没有多少人气的珠宝店，顿时迎来了大量的客户。面对蜂拥而至的人群，销售人员小李忙得不可开交，然而最终却没有成交一个客户。主要原因是什么呢？原来每逢客户进来，小李就赶忙上去介绍、推荐，即便客户并没有要买的意思，小李还是一根筋地推销下去。小李力气倒是费了不少，就是没看到结果。

案例中的小李没有对客户的需求进行准确分析，只是盲目地进行推荐，并没有在客户有需求的前提之下进行有针对性的营销。对于珠宝这种弹性需求来说，其替代品较多，不属于人们生活中的必需品，所以在选择上面，容易出现不确定性。

例如，客户在购买的过程中可能会出现以下几种想法："也许还有更便宜的""下次再买也可以""反正除了这个品牌还有很多同类产品"等。这些想法都会在一定程度上降低客户的购买欲望，阻碍客户做出最终的购买行为。

所以，在销售中面对一些替代品较多、竞争激烈的产品，销售人员有必要深入分析客户的需求，判断客户是真需求还是假需求。通过一些试探性的提问来判断对方的购买意愿。如果客户对产品意向比较强烈，我们可以进行下一步的深入推销。如果客户并没有强烈的购买欲望，我们就需要停止深入推销，转向下一个目标客户。

2. 判定需求的着重点和动机

在销售过程中，有时候我们只了解客户表面的需求，但不了解客户背后的动机。也就是说，不知道客户为什么会产生这个需求。如果我们能够从客户的信息分析中了解到客户为什么产生需求，具体的关注点是什么，那么就可以判断出客户存在需求的可能性大小。

如果客户询问产品的寿命期限、使用功能等，我们基本上可以判定出客户注重实用性和性价比。这时候，我们就可以为他们推荐性能好、寿命较长的产品。如果客户在价格上较真、迟迟不愿成交，我们基本上就可以判定其属于贪图便宜、渴望优惠型客户。这种情况下，我们想要达成成交，要么在价格上有所退让，让客户尝到甜头，要么就推荐同类产品中价格较低的产品，满足其优惠心理。

3. 识别客户信息与需求的匹配度

在销售过程中，有时候客户感兴趣并不一定会购买，客户不感兴趣也未必没有需求。客户的信息往往与需求不匹配、不吻合。例如两位顾客一起来看商品，其中一位是陪同，但很可能在商品推销的过程中，原本打算购买的顾客没看中，陪同顾客反而产生了购买之心。

因此，销售人员要打破固有思维，有效识别客户心理，评估客户存在需求的强烈程度，分辨出真假需求，从而帮助我们实现成交。

面对纷繁复杂的客户以及各种各样的需求，销售人员想要充分了解客户、征服客户就需要练就一双"火眼金睛"，准确辨别出客户信息背后的需求，分析客户信息需求中的重点和动机。只有这样，才能够快速锁定目标客户，满足其需求，从而达成销售。

重复定律，让客户需求更清晰

在人的潜意识中，如果循环不断地听到一些人、事、物，那么就会在人的潜意识里转变成事实，进而得到人们的认可。心理学上把这种现象称之为"重复定律"。重复定律认为，任何的行为和思维，只要你不断地重复，它就会得到加强和巩固。

在学习中，反复背诵就是利用这种重复定律形成记忆；在一些手工技术上，反复的训练也是利用重复定律，实现熟能生巧；在很多商业广告中，更是充分借助反复的宣传从而形成广告效应，加深消费者的品牌印象。

在销售中，重复说明是一种重要的信息，它能够加深客户的印象。销售人员利用重复定律对产品的特点、功能、优势，以及能给客户带来的种种好处进行反复说明，使它在客户的头脑中慢慢地由模糊到清晰，最终给客户留下深刻的印象，促使客户认同产品，从而产生购买欲望。需要注意的是，重复定律的前提一定是建立在客户感兴趣、存在需求的基础之上。

甲乙两名销售人员在大卖场里销售同一款手机，然而两个人的销售结果却大相径庭。下面是两个人的销售场景：

甲："您好，请问需要什么类型的手机？"

客户："给我母亲买的，一些基本款就行。"

甲："您看一下，这是最近卖得比较好的一款，外观、配置看起来多豪气，我给您打开看看，还有很多好的功能……"

客户："功能其实不是很重要，老年人只需要简单、好上手就行了。"

甲："那可不一定，功能多，您就赚了！您看啊，这个是音乐、拍照、录音、摄像一些基本功能，另外还有……总之功能齐全，包您满意。"

客户："有很多功能老年人都不经常用，不太适合。"

甲："这比起同类产品，算是性价比较高的了……"

客户："你说了半天，到头来我只知道它并不适合我。"

甲："您想知道什么，我还有很多没说到呢，除此之外，我们这款手机还有……"

客户："不好意思，我再到别处看看吧！"

这时，客户又来到乙所在的柜台。

乙："您好，请问您需要哪种类型的手机？"

客户："给老年人买的，基本款就行。"

乙："好，这几款都是一些老年人用得较多的款型。您看一下，不懂的地方可以问我。"

客户："这种老年人用着容易上手吗？"

乙："这点您可以放心，我是根据老年人的需求来选择推荐给您的。"

乙："我打开给您示范一下，您看……是不是非常简单。"

客户："操作起来果然很方便。"

乙："是的，我们这款产品最大的特点就是简单、方便、快捷，是专门为老年人设计的。"

客户："对，我就是需要这种简单又方便的手机，就要这款了。"

甲乙两个销售人员之所以销售结果不同，是因为甲在销售过程中没有重点地去论述产品的主要用处，不懂得根据客户的需求进行重复推销。甲苦口婆心地说了半天，客户抓不住重点信息，最终得不到客户的认可。乙在了解客户的需求之后，就充分利用重复定律，列举产品简单、好用的特点来加深客户的印象，让客户的需求更加清晰，最终实现了有效营销。

当然，对于销售人员来说，重复定律的使用还需要掌握一定的技巧。它并非是按照销售人员的意愿进行信息传播，而是建立在客户某种心理需求与合理性重复的基础之上。

1. 注重实践性

"重复定律"又被称为"实践定律"。言辞上的重复实则是为了实践上的落实。营销也讲究实战，真正有效的重复，是能够具备实际意义并且经得起推敲的。

例如，某种减肥药允诺："五天之内必瘦十斤，必瘦十斤！"某商场家用电器推销："只要198，电器带回家。"

虽然这种广告推销本身就有着一种效用，能够吸引客户兴趣，刺激人们去尝试和实践。但是考虑到长远利益与口碑，真正意义上的实践一定是建立在客观、真实的基础之上。

2. 注重核心点

重复定律需要有针对性，挑重点、关键处来讲，因为人的大脑记忆容量有限，不可能把所有的信息都完整无缺地储备在大脑之中。

因此，我们在进行销售的时候，应该注重信息传播的重点、核心点，围绕产品的重要成分展开论述，这样才更容易达到有效的销售。

3. 合理重复

重复传播是为了让客户需求更清晰，购买欲望更强烈，但是一切的重复都是建立在合理的基础之上。

重复得当会形成一定的品牌宣传，同时带来可观的效益；重复不合理的话，会导致客户丧失了解产品的兴趣，甚至产生排斥和抵触心理。除此之外，我们还需要根据客户的反应和心理需求点来判断是否需要重复，如果客户对于我们重复的点表示好奇、感兴趣，这时候我们就可以加大重复力度；如果客户对此并不感兴趣，那么我们就要停止重复并进一步询问和把握客户需求点，从而做到有效重复。

尊重客户的需求

随着市场竞争的日益激烈，面对众多可供选择的产品与服务，客户在需求方面的要求不断提高，更加看重销售人员的服务态度以及被尊重和重视的感觉。

销售人员去拜访一位客户，与他商谈购车事宜。在拜访客户的过程中，一切进展顺利，眼看就要成交，但是对方突然决定不买了，这让销售人员百思不得其解。

后来销售人员忍不住打电话给客户："您好，对于今天的事情我想来想去都不明白，为什么我向您推荐的那款车眼看就要签字了，您却突然走了呢？"

客户："你还算聪明。那你现在最好认真听着。"

销售人员："好的，您说，我认真听着。"

客户："今天上午我们在谈话的过程中，刚开始你一直在说有关车方面的事情，我都在认真听着。"

销售人员："是的，然后呢？"

客户："可是，后来在协商价格的环节，我列出一些优惠事项，你慢慢就表现出不耐烦的样子，一会儿东张西望，一会儿打哈欠。可能这些表现对你来说，根本没有意识到什么，但是对我来说是一种不尊重，你根本不把我的话当回事！所以，我觉得价格什么的也没必要再谈了。"

销售人员无意中表现出的不耐烦，在客户眼里却是一种不尊重的行为，客户因此立刻中止了交易。这种现象在销售中时有发生。销售人员绝大多数时间都是与客户面对面进行交流，如果稍微有一丝的懈怠和不耐烦的心理，随时都会被对方看出端倪。

所以说，在销售过程中，哪怕离成交只有最后一秒，我们也不能有所懈怠，或流露出不良情绪，而是应该充分尊重客户，给予客户理解和接纳。具体来讲，我们需要做到以下几点：

1. 服务热情周到

服务是满足客户心理需求的最佳方式，通过热情的服务不仅能够让客户感受到重视和尊重，而且能够快速地得到客户的心理认同和信赖。例如面带微笑、与客户打招呼……这些都是服务热情的表现，都能在一定程度上为自己加分、为公司加分。

2. 态度一视同仁

在销售行业中经常会出现"势利眼"的现象。很多销售人员可能因为客户身份的不同，而偏移内心的天秤，不能做到一视同仁。实际上，这是一种十分错误的行为，不仅会在一定程度上缩小我们的客户范围，同时也会减少我们成交的机会，最终得不偿失。

从某种意义上来说，销售做的是一场人情上的买卖，每天都需要和不同的人打交道。很多销售人员早已阅人无数，所以对于客户背景更应该看得风轻云淡，更应该把每一个客户都当作准客户来对待。

3. 尊重客户的选择

在销售过程中，无论客户做出任何选择，我们都需要表现出尊重的态度，即使对于客户的选择不看好、不认可，也应该站在客户的角度上合理分析、适当地引导。

例如，销售人员向客户推荐套装产品，比较优惠划算，但是客户只是根据自身需要，选择单独购买其中一个。这时候，我们希望客户能够遵照我们的想法来购买套装，但是拒绝售卖单品或者是抬高单个产品价格都是不尊重对方选择的表现。

　　真正懂心理学的销售人员不会忙着下结论，而是跟客户这样说："您怎么选择我这边都支持您。但是，如果我是您的话，一定会选择购买套装，为什么呢？第一个原因是……"如此一来，既尊重了客户的想法，又能够保证自身利益。

　　对于客户的每一个需求、每一个选择，我们都需要拿出心底全部的尊重来对待和接纳，这是每个销售人员需要践行的行为准则。因为它不仅是赢得客户尊重和信任的根本，更是打开客户心扉的开始。

"问"出客户需求的缺口

所谓的"需求缺口"主要是针对那些已经买过同类产品的客户。简单来说，就是他们存在需求，只是需求还没有完全被满足，仍然存在一个需求缺口。

一个客户用的是A产品，但是在使用A产品的过程当中，觉得某个方面存在不足，难以满足需求。这时候，销售人员想要将公司的B产品卖给他，来替换掉A产品该怎么办？答案就是找出B产品中能够满足A产品缺口的地方。

由此可见，发现并找到这个需求缺口才是成交那些已经购买、使用同类产品客户的关键。那么，如何"问"出客户的需求缺口？

1. 引导提问

引导提问讲究循序渐进的原则，要有目标、有步骤地进行提问，切不可盲目、随意地抛出问题。

第一步：您好，请问您现在用的是哪一家公司的产品？客户说是C产品。

第二步：您为什么会选择C产品？请问您最喜欢C产品的哪几点？客户列举出喜欢C产品一、二、三点。

第三步：请问您喜欢C产品一、二、三点的原因是什么呢？客户会分别列举C产品一、二、三都带来了哪些好处。

通过这三个小步骤你可以找到产品的一个大致方向。

接下来进入第四步，也是最关键的一步：请问您认为C产品还有哪些需要改进的地方？客户会说：产品在哪些地方存在不足，需要改进和完善。

紧接着进入第五步：为什么您觉得这些地方需要改善？

通过以上五个步骤的提问，最终你就会得出客户存在哪方面的需求缺口。

2. 问出掌控权

在销售中很多时候会出现这样一种状况：在我们和客户交流的过程中，反复跟客户介绍一件性价比更高的商品，客户为此表现出好奇和心动，好几次产生购买的欲望，然而最终却放弃了。客户可能会说："我也想选择你推荐的商品，可是我不能擅自做主，最终决定权不在我这里。"这时候，我们就需要果断放弃询问。因为客户那边已经告知了不买的缘由——他没有决定权，即便进行再多的推销也无济于事。

所以，为了确保销售的有效性，在一开始我们就要在沟通的过程中问出客户是否具备掌控权、决定权，不然我们费尽口舌也改变不了客户的想法，无法有效满足其需求。

3. 得到许可

在销售的过程中想要实现有效营销，前提必须是征得客户的同意和许可。

假如我有一些方法能满足您原来的要求，并且还能提供您没被满足的要求，能否得到您的允许向您介绍一下？

假如我有一个很好的方法能够让您除了原有的优点都保持之外，还能够满足您现在所使用产品的需求缺口，那您是否有兴趣多听一些？要不要让我跟您介绍一下？

得到客户的许可，在一定程度上就相当于打开了客户的心扉。这时候，客户心里可能就更容易接纳我们，愿意静下心来听我们推荐产品。这样，我们才更有可能抓住客户的需求缺口，成功为客户推荐产品。

反之，如果客户没有表示认可，就说明前面在需求缺口定位和产品改进的重新定位方面，我们并没有符合客户的心理需求，并没有对准客户的需求点进行提问，所以最终很难说服客户，使客户信服。

　　总的来说，想要"问"出客户需求的缺口，就要懂得如何利用策略循序渐进、有步骤性地提问。同时，还需要根据客户的具体情况和心理层面的反应，确定客户需求的缺口所在，重新塑造产品的价值，一定要充分满足客户的缺口需求。

抓住客户"问题"背后的需求

在销售中，很多客户难免会存在各种各样的问题。不管是产品功能不全面的问题，还是挑剔性的问题，其背后都能反映出某种内在需求。销售人员不能只看事情的表象，更应该重视实质，重视"问题"背后的寓意。只有这样才能够更加了解客户，才能够挖掘出"问题"背后的需求。

通常情况下，客户提出的哪些"问题"可能会存在需求呢？

1."你们家的产品价格怎么那么贵？"

这是很多销售人员在推销产品的过程中会经常听到的一句话。一些销售人员会把这句话当成是拒绝，于是中止推销，还有一些销售人员会认为客户可能真的嫌贵。事实真的是这样吗？其实，客户说"贵"的背后有许多潜在的内涵，销售人员只有读懂它们，才能做出准确的判断。

那么客户说价格贵的背后，究竟存在哪些内心需求呢？综合起来分为以下两种：

（1）价格比别人高，难以做决定。这时候，客户其实存在较大的需求，已经进入了购买的"评估"阶段，但同时客户又认为价格高，所以迟迟没有做出购买行为。在这个节骨眼儿上，销售人员需要做的就是摸清楚影响客户的评估准则，弱化价格，将自身的优势凸显出来，把竞争对手比下去。

（2）我对你们家产品不太了解，我再考虑考虑。这时候从客户心理来看，购买产品风险较大，不敢轻易做出选择。销售人员此时需要做的不是忙着继续推销或者压低价格，而是降低客户的风险意识，提高品牌宣传，帮助客户建立安全心理，这样才能让客户在产生信任的基础上产生购买行为。

2. "你们的产品质量也不怎么样啊！"

有时候客户一上来就抛出贬低产品的话，很多销售人员都认为客户是在故意挑剔、找碴儿。事实上，经过仔细观察我们会发现，恰恰是这些提出疑问的客户，反而存在更多的购买动机和需求。

那么客户贬低产品的背后，究竟存在哪些内心需求呢？综合起来分为以下两种：

（1）求安全心理。这时候，客户表现出对产品有一定的兴趣，但还处于对产品初期的判断阶段，希望不断获取产品的安全性、保障性信息来增强自身的购买欲望。此时销售人员需要做的就是找出客户存在的兴趣点，针对兴趣点进行引导，同时对于产品的安全性方面，为客户提供数据说明或者是做出承诺，以此来消除客户的疑虑，增强客户的购买欲望。

（2）渴望得到优惠。客户在贬低产品的时候，并不是真的没有需求，而是觉得产品不值这个价钱，渴望得到一些优惠，以此来平衡自己的心理。这时候，销售人员要识破客户心理，在价格上做出一定的让步，同时维护自身产品的质量、品牌和服务，增强产品的说服力，让客户体验到真正的物有所值。

除此之外，对于客户"问题"的分析我们还需要注意需求的真假性，不要以为客户提出"问题"就一定存在真实的需求。因为有时候客户表达的观点往往和他们的初衷是相背离的。他们心理上是拒绝产品的，表面却表达出对产品的认同。

比如，"你们家的产品是挺不错的，可惜我已经买过了，下次有需要再过来吧！""你们家的产品还做活动吧？那我有时间再过来看看吧！"这些看似有着购买欲望的客户，实际上并没有产生真正的购买需求。只有当我们对客户提出的"问题"进行有效分析或者是提出试探性的反问时才能得到真实答案。

总之，在销售过程中，客户会提出各种各样的问题，需求就隐藏在他们所提出的问题之中，有时是主动的、有意识的，有时是被动的、无意识的；

有时候是真需求，有时候也可能是假需求。这些"问题"都需要销售人员一一去识破。如何有效抓住客户"问题"背后的需求？这对销售人员来说是一项机遇，同时也是一项挑战。销售人员只有不断培养自身"听出问题背后需求"的能力，不断地挖掘和分析客户的问题，才能有效抓住客户"问题"背后的真实需求。

第五章

▶▶

劝说心理学：越挑剔，
越有戏

销售就是一个提出异议、解决异议的过程。在销售过程中，我们会面对各种各样的客户，客户会提出各种各样的问题。面对诸多异议和质疑，我们需要懂得如何利用心理学策略处理、解决问题，懂得如何在关键时刻给客户制造出接受产品的理由。因此，在客户提出异议的时候，我们需要仔细揣摩客户的心理和意图，只有找准客户不满的原因，方能"根治"。

折中效应：给客户一个"同意"的理由

在销售过程中，我们经常会遇到这样一种情况：我们向客户推荐某一类型的产品，其价格如果分为三个档次，绝大多数客户会选择中间那个档次。例如，某产品价格分为三个档次：98元、158元、218元，那么中间158元选项的吸引力就会比其他选项要大，它被客户选择的概率也会增大。

在心理学上，这种现象被称为"折中效应"。它是指消费者的决策具有非理性的倾向。也就是说，消费行为会随着情境的变化而变化，当一个选项集合里新增加一个极端的选项之后，会使原来的选择方案成为折中选项。

在这种情况下，即使折中选项在所有选项的集合中并不存在绝对占优关系，它也会更具吸引力，被选择的概率也会比其他选项更大。

销售中，这种心理效应时有发生，我们来看一个案例。

吴女士打算去护理店做头发护理。当吴女士走到一家店里，推销员过来打招呼："您好，请问需要哪个方面的护理？"

吴女士："我想做一下头发护理，你们具体有什么价位？"

这时候推销员就拿来一张价目表，在头发护理项目里面分为：128元和268元两个价位。吴女士就问："这两个有什么区别吗？"

推销员说："128元属于普通护理，其中化学成分较多；268元属于高端护理，其中护理产品多采用植物萃取。"

吴女士心里有点纠结，毕竟两个价格悬殊较大，一时拿不定主意，于是吴女士决定去其他店再看看。

　　紧接着吴女士又去了另一家美容美发护理店。这家店的护理价位一共分为四个档次：108元、198元、258元、388元。其中，108元是普通护理、198元是资深护理、258是特殊护理、388元是高端护理。在进行产品选择的时候，吴女士迅速将目光集中在198元和258元两个价位上，根据自己头发的状况以及对于产品的咨询和了解，最终选择了198元的护理。

　　第二家护理店之所以成功销售出了产品，主要原因是他们充分利用了折中的心理效应，在价格上给了消费者一个购买的理由。根据心理学上的心理平衡点，绝大多数人会选择折中选项，毕竟消费者大多数都是普通群众。对于高昂的价格，会认为能力有限；太低的价格，又觉得看不上；中间的价格，就相当于为消费者提供了一个消费的充分理由。

　　这就要求销售人员要对目标消费人群进行精准定位，充分把握目标消费人群的消费档次，根据消费档次的区间范围，对价格进行精准而合理地定位。除此之外，折中效应的精髓所在，就是要目光长远，懂得放长线钓大鱼。不能因为眼前的蝇头小利而放弃长远的利益，而是通过为客户提供一些符合他们心理需求的产品和服务"取悦"客户，进而得到客户的信任与认可。

打好心理预防针——预料中的异议处理

在销售中，绝大多数情况下销售人员都与客户处于沟通之中。无论是根据角色定位来看，还是双方的利益角度来看，都不可避免地形成了对立。所以双方之间存在观点不同、看法不同等异议也在意料之中。作为销售人员阅"客"无数，理应具备预料客户异议、判断异议、解决异议的能力。

事实上，并没有哪位客户是存心作对或者是有意与销售人员过意不去。他们只会在产生购买需求，在关乎自身利益的问题上提出异议。最常见的，就是绝大多数客户在价格上都存在异议，因为每个人都希望花最少的钱买到最心仪的东西。因此，销售人员绝对不能一遇到客户异议就情绪激动，甚至觉得对方是故意刁难。要懂得：越挑剔，越有戏。对于客户的一些异议应该提前打好预防针，并且在心中准备有针对性的解决方案，以备不时之需。

小赵是某卫浴品牌的销售人员。一天，店里来了位中年客户。小赵赶紧迎上前去与之交谈。没想到小赵刚向他推荐了其中的某项产品，对方就满脸不友好地说道："这个品牌不好，我朋友就买了这个品牌，说是刚用一段时间就出毛病了。"

听到这里小赵心里有些不高兴，默默地想："你朋友用的，搞得跟你用过一样！"不过转念一想，话不能那么说，还是有必要跟客户讲明产品的具体情况。紧接着，小赵微笑着说："如果真如您朋友所说的那样，您还会来我们店里吗？我知道存在疑问很正常，您能够来我们店里就说明仍然信任我们。那下面我给您详细介绍一下该产品，或许真相并不是您听说的那样。"

客户点了点头，小赵受到鼓励，耐心地介绍道："我们的这款产品功能主要是……除了功能齐全以外，还推出终身保修服务，所以坏了都可以拿来本店维修，不收您一分钱。"

客户："听起来还不错，不过你们维修还不如给换一个新的呢！"

小赵："瞧您说的，商家也需要赚钱嘛，您这样不是不给商家活路吗？其实商家允诺免费终身维修已经是最大的人性化了，您可以打听一下其他店，绝对没有哪家店可以终身保修。"

客户："你说得也在理，可是价格方面我觉得还是有些贵，你看能不能优惠点？"

小赵："先生，是这样的，我们这款产品是今年的新品，给您太大的折扣也不可能。这样吧，我给您办张会员卡，给您打九折，您看怎么样？"

客户："小伙子挺会做生意的！好吧，就听你的。"

在整个销售过程中，客户没少为难销售人员，在很多问题上都存在异议。不过销售人员在态度上一直都很端正和蔼，没有表现出不耐烦的态度，更是对于客户所提出的异议进行了专业的并且有针对性的讲解，最终既满足了客户的需求，又成交了这一单生意。

因此，对于预料中异议的处理能力是销售人员必备的。那么，销售人员应该从哪些方面提高自身的异议处理能力呢？

1. 讲解专业

首先需要充分掌握产品的相关专业知识。只有具备了专业知识，我们才能够有话可讲，才能将产品的功能、特点、优势全面地讲解给客户听，解决客户在产品功能上面存在的疑问。同时，还能够在一定程度上让客户产生信任，了解并且放心使用我们的产品。

提升专业水平的具体方法有两种：一种是多参加产品培训课程，在理论上全方位了解产品的各方面信息；另一种是自己亲自试用、体验产品，以自己的亲身感受来增强专业性。

2. 态度端正

对于销售来说，态度尤为重要。尤其是在与客户发生争议、观点背离的时候，销售人员很容易产生情绪波动。这时候务必要控制好自己的情绪，切勿因为一时冲动，赔了夫人又折兵，这样非但异议没有解决好，反而单子飞了，得不偿失。在客户提出异议的时候，销售人员可采用换位思考的方式，去尝试理解、发掘客户的需求，进而寻找成交机会。

3. 懂得变通

面对客户纷繁复杂的异议，销售人员需要具备极强的应变能力。如果销售人员一味地按照自己的想法来与客户对立，那么异议解决起来就会相对棘手。

反之，如果我们懂得变通，那么对于客户异议的解决就会容易很多，毕竟客户也不是不讲道理的人。销售人员可以通过有理有据的事实案例来帮助客户进行分析，同时也能对客户的异议进行提前预测，方便我们做好下一步分析和策划解决方案的工作。

销售就是一个消除客户心理异议的过程。既然选择从事销售工作，就要提高自己及时应变和处理异议的能力，只有我们具备了处理各种异议的能力，才能真正在销售中做到应对自如。

他提出异议，只是希望你让步

在销售过程中，你一定经常会碰到这种情况：客户拿起某件商品，端详了半天，反复地看，但就是迟迟不买；客户对某个产品挑剔来挑剔去，一会儿说这儿不好，一会儿嫌那儿不好，但还是一直将商品拿在手中……以上这些情况，客户之所以不断提出异议，并且不愿埋单，主要原因就是希望销售人员做出让步。

在这类销售场景中，真正掌控成交主导权的是销售人员。如果销售人员能认真分析客户的异议，并且在保证自身利益的同时做出一定的让步，那么成交便是顺水推舟之事。如果销售人员始终坚定自己的立场不动摇，不懂得收拢、挽留客户的心，那么最终成交失败也是预料之中。

1. 辨别客户真正意图

从心理学的角度来看，客户的挑剔都是有意图的。有时候恰恰是那些提出异议的客户，才是真正想要购买的。客户在对你的产品挑毛病的同时，也是他对产品感兴趣的开始。

客户："你们家产品网上订购渠道做得不是很到位。"（提出异议）

销售人员："哦，为什么这么说呢？"

客户："从你们家网购，一般都要很久才能收到货。"（具体异议）

销售人员："哦，这是我们的工作做得不到位，在这里我向您表示抱歉。接下来我们会重视您所提出的问题，这里您有什么好的建议都可以提出来。"

客户："我觉得物流环节需要加强，可以与效率高的物流公司合作，并且

在客服平台要有专门的工作人员进行监督和执行。"（希望异议得到解决）

销售人员："好的，非常感谢您的建议，我会和领导沟通并且合理采纳您的意见。"

客户："期待你们能够完善这一环节，以方便我们广大顾客购物。"（表达需求）

客户提出的问题看似在表达对公司的不满，实际上背后存在真正的需求——希望网上购物发货环节能够得到有效完善。同时，从公司长远发展的角度来看，客户的异议是有益的，对公司发展是有着改善和促进作用的。

因此，对于销售人员来说，应该正视客户提出的异议，准确识别真正意图。客户提出问题和异议并不可怕，毕竟不是有意为之，很多时候"醉翁之意不在酒"，在意的只是想让我们在某些方面做出让步，希望异议能够得到重视和解决。

2. 懂得"成人之美"

既然做销售，那就是为客户带来好处，那么本着为客户服务的宗旨出发，为何不将好事做到底呢？

在销售过程中，虽然销售人员也讲究自己的利益，但是这并不妨碍我们为客户的利益考虑。例如对于价格上的规定，对于具体产品售后服务，对于产品优惠折扣问题，这些方面理应具备回旋的余地。有时候就是这几块钱，一点小小的利益让步，就能够满足客户心理，促成一桩生意。同时，这对于公司来说，也并没有什么损失。

所以，根据客户的真正意愿，做出能力范围之内的让步，是一件两全其美、达成共赢之事。从公司的长远利益来看，何乐而不为呢？

总而言之，销售追其根本讲究的就是成交，既然如此，作为销售人员就应该懂得变通，懂得"成人之美"。正确对待客户提出的异议，在自己的能力范围之内做出一定的回旋和让步，这才是销售的大智慧和长远的利益所在。

找到不满的心理原因，方能"根治"

销售人员经常会遇到客户表达各种不满。其实，通过细致观察我们会发现，客户每种不满的背后都隐含着心理动机。只有找到这个深层次的心理动机，才能够根治客户的不满。

通常情况下，客户会存在哪些不满的心理原因？

杜女士去外地出差，入住了一家三星级酒店。只住了一个晚上，杜女士就把对整个酒店所有不满意的地方全部写在酒店的意见栏里，并且前前后后找了七八遍前台和经理，向他们反映酒店情况。

对于酒店的不满，杜女士列出以下内容：餐厅的设施设备陈旧，餐具不卫生，且有破损；餐厅装修粗糙，装修技术落后；餐厅因设计不合理显得嘈杂、拥挤；房间设计太单一，隔音效果不好，使顾客的隐私完全得不到保护，等等。

杜女士罗列的诸多不满内容，从表面上看全都是酒店的基础设施不完善的问题，实际上是杜女士内心对该三星级酒店的期望过高，按照四星级甚至五星级酒店的标准去评价该酒店，自然是处处都不满意。如果酒店不能解决杜女士心理层面的问题，甚至忽视问题，只会引发更大的矛盾。但酒店如果按照杜女士的"意见"——进行整改，显然也不太现实。

那么，面对客户的不满情绪，究竟如何找出深层次的心理原因呢？

一般来说，客户存在异议和不满的表现主要分为两种：一种是需求方面的异议，一种是价格方面的异议。

1. 需求方面的异议

客户一定是在需求的驱动下，才会产生购买欲望和购买行为。然而，在销售过程中经常会有客户以不需要为由，提出异议。主要心理原因有两种：

一种是还没有意识到自己的需要，也就是需求还没有被激发。这种情况下，销售人员想要对症下药就需要充分激发客户的需求。具体可以通过创造需求、强化需求来激发和刺激客户购买心理，例如限时抢购、产品免费体验、老客户回馈等。这些方法都能够在一定程度上激发客户需求。

另一种是客户需求没有得到满足。他们对产品期望过高或是基于人性的一些霸道心理。比如认为既然花钱就需要充分满足我的需求，不能满足我的需求，那就不是好的产品和服务。面对这种类型的客户，我们就需要尽可能地对其表示尊重，并且给出一定程度的合理的让步。因为他们内心深处渴望得到的就是被捧着、享受"上帝"一样的待遇。作为销售和服务人员，我们只能先以德服人，然后在此基础上以理服人。"德"主要指的是尊重、友好的服务态度。"理"主要指的是利用专业和客观的观点和理由来说服客户。"德""理"结合，双管齐下，有效化解客户存在的不满心理。

2. 价格方面的异议

在销售过程中，遇到就价格提出异议和不满的客户，第一步就是要摸清楚他的真实想法。比如，是真的没钱，还是觉得产品不值？再或者是想要优惠？

据调查研究显示，在国外只有5%的客户在选择产品时仅仅考虑价格因素，剩下95%的客户在选择产品时更看重的是质量。无论是国内还是国外，随着生活水平的日渐提高，越来越多的人在选择产品的时候都把质量放在首位。从这方面看，很多时候客户在价格上提出异议，嫌产品贵、强调自己没钱，都是表面现象。期望值过高，觉得产品质量不值这个价钱才是真正的原因。

　　总而言之，产品上的不满意、价格上的不满意、服务上的不满意，众多不满的背后一定潜藏着某种心理原因和心理需求。我们只有找到心理原因，进行精准分析，才能对症下药，从而在最大限度上满足客户的需求。

找准时机应对异议

对于销售人员来说把握时机和解决客户的异议一样重要。是否能够准确选择最佳时机，是考察销售人员能力和素质的重要标准之一。销售人员只有看准时机，提出问题、解决问题，才能够保证销售的合理性和有效性。

在销售的过程中，客户表示异议的时机主要分为：首次会见阶段、产品介绍阶段、推销结束阶段。

1. 首次会见阶段

在首次会见阶段，销售应该对客户进行整体的分析和预测，敏感地预测客户可能会提出的一些异议，并据此明确自己的思路，做好心理准备，争取"先发制人"，抢在客户提出异议之前消除客户的疑问。

2. 产品介绍阶段

在这个阶段，客户存在的异议和问题通常是最多的。他们可能会针对销售人员的讲解内容提出各种各样的质疑。这时，销售人员更需要正确看待客户的质疑和异议。

（1）在心态上能够客观、理性地对待客户异议，不能抱有排斥和偏见。

（2）有效分析客户异议。有时候异议并不一定就是头疼的事情，充分分析异议可以帮助我们了解客户的兴趣和喜好，掌握更多有效的客户信息。

（3）在与客户交流的过程中，有针对性地提出合适的话题，并插入客户与话题的共同点，化异议为成交的突破口。

在产品介绍阶段，客户存在的异议大部分源自销售人员推荐产品的信息以及在产品介绍时的行为反应。所以这个时间段是处理客户异议的最佳时机，我们能够准确找出其存在的异议点并且立即进行强有力的说服，迅速将客户异议的"火苗"扑灭。

3. 推销结束阶段

客户的异议最有可能会出现在推销结束或者是即将成交阶段。对于这一阶段的异议，销售人员必须予以重视，这一步很可能是销售过程中最有力的一击。如果销售人员在前面两个阶段成功消除了客户的异议，而在最后关头不能有效地说服客户，那么所有一切的努力都将付诸东流。

销售员："胡总，您看如果没有什么意见，咱就把合同签了吧。"

客户："唉，总感觉还差点什么。"

销售员："胡总，您真会开玩笑，买什么产品都没有十全十美的。"

听到销售员这样一说，客户觉得心里更没底了。

客户："难道都不能保证减肥产品一定有效？"

销售员："效果肯定是有的，但是每个人身体体质不一样，有的人……"

客户："咦，刚开始不是口口声声说可以保证帮客户顺利并且有效减肥的吗？看来我还需要慎重考虑一下再做决定。"

在销售的最后时刻，为了确保能够顺利完成成交，我们有必要顺着客户的心理来应对异议，例如客户在最后关头总是希望确定一下产品要点来获得心理上的安全感，那么我们就应该给予客户这种安全感。案例中的销售员在接近成交的环节，没有找准客户的心理时机合理应对异议，导致客户不愿意签单。

想要准确把握客户的心理时机应对异议，销售人员应该不断培养自己善于预测和分析客户异议的能力。比如客户会提出哪些不同意见，客户对销售的哪个环节会产生哪些异议，在洽谈的结束环节会存在哪些质疑，等等。识破客户可能会出现问题的时机，这样方便销售人员根据准确的分析和擅长的解决手法，及时有效应对。

客户对异议很坚决？来点幽默

销售是一场舌枪唇剑，很多时候却并非一个人的独角戏。它更多的是面对客户，面对各种各样的疑问、异议、质疑，甚至是更为复杂的挑战。尤其是面对一些特别爱挑剔、爱钻牛角尖的客户，他们往往异议很坚决、固执，导致沟通氛围充满紧张感，使得销售陷入两难的境地，这时候作为销售人员，我们应该怎么办呢？答案就是用幽默来化解。在这种情境下，大道理客户不仅听不进去，反而有可能义正词严坚持自己的观点。即便是他们错了，碍于面子也不想随意屈服。这时候销售人员千万别较真，别想着怎么在话锋上战胜客户，而是应该反其道而行，学会利用幽默化解紧张气氛，降低客户异议的坚决程度。

在幽默的调剂下，所有的异议都会变得相应柔软起来。这时候，客户也会在一定程度上迁就销售人员的想法，而不是站在自己的立场上固执己见。

销售人员小荀不仅口才好，而且有着随机应变的能力。一次，他正在销售公司的新产品"折不断的绘图尺"。很多客户纷纷表示怀疑，并且提议让小荀当场演示折尺子。小荀一边介绍尺子，一边为大家展示着："大家可以凑过来看一看，这些绘图尺比你们想象中要坚韧，任凭你怎么折都不会断。"

这时仍有部分客户提出异议，并让小荀反过来再折一遍。为了证明刚才所说的话，小荀按照客户提出的意见来操作，将绘图尺再次反过来，而且比之前折得更深，更加弯曲。突然"啪"的一声，原本完好的T字尺顿时变成两截塑料断片了。机灵的小荀并没有显现出尴尬，也没有与客户争辩，而是对着围观的人群大声说："先生们、女士们，请仔细看看吧，这就是绘图尺内部的样子，咱们拆开看看，瞧它的质地多么棒呀！"

听到这里，人群中传来一阵阵哄笑，同时大家也放下了原本坚持的异议，并为小荀这一幽默的化解方式表示喝彩，最终小荀不仅化解了尴尬的场面，而且成交了很多客户。

通常情况下，我们会认为销售是一件严肃而正式的事情，容不得半点玩笑。实际上，适当地表达一些幽默不仅可以调节气氛，建立起客户与销售人员之间的信任关系，同时还能够淡化客户异议的坚决程度，给客户带来很多快乐，使客户备感轻松。

所以，在销售过程中，我们不妨在适当的时机来点小幽默，打破与客户之间对立的局面，消除客户的异议，达到彼此合作的目的。

不过在运用幽默时，我们需要注意以下几点：

1. 幽默要适度

在销售过程中，当客户存在异议时，适当地讲一些幽默的语言，能够迅速降低客户对我们的敌意，在一定程度上化解异议。需要注意的是，幽默要掌握好分寸，过度频繁地使用，会给客户留下轻浮、不靠谱的印象。

2. 注意幽默的内容

在客户存在异议或者是出现尴尬场面时，销售人员可以适当地进行幽默调侃，但千万不要拿客户的一些私人问题来说笑，以免引起对方的不满，让客户觉得不被尊重。与此同时，在使用幽默时还需要注意措辞的使用，避免引起对方误解。

3. 幽默不能冲淡谈话主题

在销售中，适当的幽默无疑能化解异议、缓解尴尬气氛，其最终目的都是为了达成交易。所以说，在谈话过程中，销售人员与客户谈判的主题始终只有一个：达成交易。虽然很多销售人员幽默的水平十分高明，但是一旦玩笑开大了，就会将客户的思路越拉越远，最终很有可能冲淡了交流的主题，让客户反而对产品和成交丧失了兴趣，得不偿失。所以，在销售过程中销售人员一定要避免这样的错误，真正做到审时度势、恰到好处地运用幽默。

　　总的来说，在营销环节中，适当的幽默不仅是化解异议的最佳方法，更是成交和合作的催化剂。当客户对于某项异议很坚决时，可能这时候硬碰硬只会伤了和气，如果我们以一种轻松、幽默的方式在愉快的氛围中与客户交谈，很可能就会化解异议的尖锐性，慢慢地将话题趋于一致，有利于推进成交的进程。

　　当然，一切的幽默都应该是建立在合理、适当的基础之上，只有巧妙地发挥幽默、有效缓解客户异议，才能最终促进成交。

有些异议不必当真

在销售过程中，客户提出的异议往往错综复杂、观点各异，作为销售人员如何妥善地处理这些异议都需要进行合理把控。一方面，销售人员的个人精力有限，不可能对于客户提出的每个异议都能有效解决、妥善处理。另一方面，客户很多反对意见都不必当真，因为很多异议未必就是真正的反对意见，它很可能只是客户的一个借口。

销售员去某公司拜访，刚进门老板就调侃道："为什么你们公司都派男销售来洽谈业务？没有女销售吗？如果有女销售的话，可能就不用你们跑这么多趟，我早就签单了。"

销售员："呵呵，让您见笑了。这样，今天您就把我当成女销售，我倾尽全力，您尽兴就好。您看怎么样？"

公司老板："小伙子说话挺有意思的，我倒要听听你如何将产品讲出一朵花来。"

销售员："好嘞，那接下来我说，您听。"

从对话中可以明显看出，客户一开始上来就提出一个异议，好在销售人员没有将客户的异议当真，识别出了客户的异议只是一个借口：签单的决定因素并非取决于销售者的性别。于是，销售人员巧妙地应对了客户的异议，不仅让客户接纳自己，开始对交流感兴趣，也让客户接下来忽略异议，进入主题。

很多情况下，客户对于产品或者其他方面提出的借口，都会随着业务洽谈的进行而自行消失。这种情况下，如果销售人员没有分辨出客户异议的重要性和真伪，就对客户异议进行反驳，反而让客户觉得有必要为自己的异议进行辩护。这样一来，可能会适得其反，异议越来越多，最后真的变成了反对意见。

所以，在与客户沟通的过程中销售人员需要具备两种能力：一种是识别异议真伪的能力，另一种是懂得适度安抚和应对客户异议的能力。这两种能力在一定程度上能够帮助我们巧妙避开客户借口，顾全销售其他环节，同时又能够让客户拥有存在感，推动沟通的顺利进行。

很多销售人员觉得客户提出异议，只需要采用适当的方法解决就好了。殊不知，异议也分真假：一种是借口型异议，一种是真正的异议。很多时候，客户提出的异议并不一定是他的真正想法和意图。

例如，客户说："你们公司也太不厚道了，要我说，产品半价一口成交。"这就属于借口型异议。如果客户不想买，可能就会找出一些不靠谱的理由来搪塞和拒绝。如果你盲目地为了解决客户这些借口型异议而费尽心思，则很有可能会引来更多的异议，最后离成交越来越远。

当我们准确识别出客户异议的真伪，分析出究竟是借口还是真正异议之后，接下来要么全力为客户解决异议，要么适度应对异议。对于那些借口型异议，我们不必当真，将着重点放在接下来的销售过程中。

不过，值得注意的是，不能完全忽略借口型异议，这样会导致客户心里不舒服，可能觉得你不重视、不尊重他。所以，对于那些无关紧要的异议，我们在不必较真的同时，还要把控一个度，既要提及，又不能太重视、太深究。最好的方法就是随着新话题的转移，将异议在无形之中化解。

总的来说，在与客户沟通的过程中，异议随处可见，随时可能发生。面对异议，我们最需要做的就是衡量和界定哪些异议是真的，哪些异议很可能只是一个借口，这样才能够保证我们在处理异议的过程中，分清轻重缓急适时应对。

过激异议要慎重对待

对待过激异议的黄金法则：宁可信其无辜，体会其善良本意。其核心在于理解、体谅客户的难处，慎重对待客户的异议，创造出和谐沟通的氛围。

在销售谈判过程中，客户经常会因为对某方面不满，产生一些过激的异议："你们家卖的产品质量怎么这么差呀！""你们家的货是不是假冒伪劣产品？""就你们这样卖产品，能有顾客才怪呢？""下次再也不来了！"

这种过激异议在销售中随处可见。如果对每一个过激异议都较真的话，难免会让人手足无措甚至是崩溃，但是每一个异议都不放在心上，那么可能就会得罪客户，甚至是失去更多客户。这其中的轻重缓急，销售人员究竟该如何处理？

客户："前段时间刚从你们这儿买的电器，还没用一个月就坏了，你说怎么办？"

销售员："不好意思，为了弥补您的损失，您可以拿着保修书来我们这儿进行免费维修。"

客户："这就是你们的解决方法？这么草率！今天要么赔偿，要么换个新的，不然我一直闹下去。"

销售员："您好，我们已经在尽力帮您减少损失，希望您能够理解。"

客户："理解，有人理解我吗？就你这样做事情，根本就不适合干销售，连客户的问题都解决不了。"

类似案例中客户的过激言行，都会在很大程度上影响销售人员的判断和情绪，甚至会对销售人员的心理造成巨大的冲击。有一些销售人员甚至表示，对于这种打击需要很长时间才能够找回销售的自信和动力。

实际上，面对客户这些过激的异议并不是毫无头绪、毫无方法，其中最为有效的方法就是开头提到的黄金法则，"宁可信其无辜，体会其善良本意"。具体可以从以下几点来做：

1. 理解、体谅

对于客户的过激异议首先应该予以理解。从某种意义上来说，客户也是受害者的一方，既然他流露出强烈不满，表现出过激行为，那么一定事出有因：可能是我们的产品、服务或者是其他方面出了问题，不能满足客户的需求。

同时，客户作为受害者，他们的异议很多出自非理性的思考，更多的是基于心理和情绪上的反应。从这两个角度来看，都有可能引发客户心理情绪的过激反应。

作为销售人员，我们的解决方法就是：

（1）从客户心理上驱除不良影响。心理上的影响讲究对症下药，我们需要先找出客户的心理需求点和存在的不足点，尽可能地做出一些实际补偿来缩小客户心理落差。

（2）从积极的角度去理解客户、体谅客户。简言之，就是以平和之心消除客户的过激情绪，让客户真正感受到我们的真诚与友好。

2. 忽略、看淡

从客户的角度来看，他们处于买方的立场之上，处于优势地位。这种位置容易给客户营造一种优势的心态，进而会降低客户对自身情绪的约束力，甚至有一些客户把自己摆在"上帝"的位置上，希望得到超出想象的服务。所以，这种形势下，一旦客户需求得不到满足，就会产生一些过激言行。

除此之外，随着销售人员教育水平和个人素质的不断提高，对于自尊方面的需求也日渐强烈，尤其是一些新兴的技术、科技领域的销售人员，更是将自尊看得极为重要。

　　为了避免关系恶化，需要注意两个方面：其一，销售人员需要培养强大的心理素质。调节好情绪状态，保持内心的平和，以包容的心态去看待客户的过激言行。其二，销售人员在面对一些不可理喻的情况的时候，可以忽略、淡化客户的过激异议，避免滋生出不良情绪，刺激到对方。

3. 倾听、尊重

　　俗话说："听锣听声，听话听音。"当客户产生过激异议时，原因一定是多方面的。这时候，我们需要做的就是仔细聆听、细心体会，根据客户情绪反应和表达内容，推测客户产生过激异议的原因，进而找到客户的真实想法。

　　同时，向客户传达自己诚恳解决问题的友好态度，让客户真切地感受到被重视和尊重。这样，客户嚣张的气势就会有所下降，不至于变本加厉。慢慢地，客户也会愿意平复情绪，与我们进行谈判。

　　总之，只要我们态度真诚，真正站在客户的立场上，充分理解和体谅客户，用心倾听客户的怨气，冷静、平和对待，那么客户产生的过激异议也会相对减弱一些。同时，这也有利于我们做进一步分析，能够收集解决问题的有效信息，做出有效的应对措施，为客户排忧解难。

第六章

▶▶

议价心理学：客户真的是嫌贵吗

客户讨价还价，在所难免。通常情况下，很多客户都喜欢占便宜。基于这种心理，我们可以营造出"让你占便宜"的氛围，吸引客户前来消费，也可以通过一些其他心理战术来引导客户，激发客户的购买欲望。

让步效应：给客户"占了便宜"的感觉

在社会心理学中，一个人提出了大要求后，再提出一个同类性质的小要求，这个小要求就有可能被人轻易地接受。这一现象称之为"让步效应"。让步效应一般是充分利用客户的占便宜心理，给客户营造一种占便宜的场景，通过满足客户心理上的需求，最终实现交易。

很多人疑惑，商家和销售人员也要赚钱的，中间哪有那么多便宜给客户占呢？实际上，占便宜只是客户的一种心理感觉。我们需要做的不是为客户提供真正的便宜，而是为其营造"占了便宜"的感觉。

许先生是一家茶叶茶具店的老板，专门卖一些有年头的老瓷器，偶尔也会提供一些免费的茶水给顾客品尝，以此来吸引客户，招揽生意。

一天，店里来了一位客户，在茶具旁挑选了半天，但就是迟迟没有购买。这时候，许先生走过来问："您好，请问有什么需要吗？"

客户："老板，我看中了这套茶具，可是它的标价太贵了，我想能不能便宜点，那样的话我就买了。"

许先生："在价格上呢，我们都是正常标价，是不允许更改的。这样，我看您也是个实诚的人，您若是真想买的话，我可以送您一袋好茶叶，所谓好茶配好壶，其他人我可是不送的。"

客户一听，眼睛瞬间亮了："真的吗，是门口品尝的那种好茶吗？"

许先生："实不相瞒，比那还要好一些，总之买一赠一，你赚了。"客户最终在茶具店老板的推荐下，愉快地购买了茶具。

　　许先生正是充分利用了客户占便宜的心理，成功地把产品卖了出去。虽然表面上客户占了便宜，但是许先生不仅赚了茶具钱，而且开拓了茶叶的新客户。客户喝了许先生送的茶叶之后，如果觉得好喝，就会长期购买。可以说，许先生仅靠一个小小的让步，就获得了更加长远的利益。在实际销售过程中，诸如促销、打折、免费品尝、送赠品、附加服务等，基本上都是通过满足客户占便宜的心理，让客户爽快地购买商品。

1. 特色优惠

　　特色优惠是推动销售非常有效的方法之一，是人们产生购买欲望最有效的动力因素。在日常生活中我们经常会遇到这样的现象：例如，某超市打折了，某厂家促销了，某商店甩卖了……人们只要一听到这样的消息，就会争先恐后地向这些地方聚集，以便可以买到便宜的东西。物美价廉永远是大多数消费者的追求目标，人们总是希望用最少的钱买最好的东西。所以，销售人员应该充分利用消费者这一心理，给客户优惠，让他看到优惠，感受到便宜，以此来促成交易。

2. 特色赠品

　　占便宜不仅表现在占据价格上的便宜，而且还包括占据数量上的便宜，例如买一送一（赠品）、满100元送精美礼品等。这些就是利用数量增多的手段来给消费者营造占便宜的氛围，引发消费者进行购买。

　　除此之外，通过特色赠品还能够带来长期稳定的客户源，带来长期的收益。当然，销售人员在赠品的选取上需要慎重对待。一方面，要选择和产品关联度比较大、销售潜力也比较大的产品作为赠品，以提高销售成效；另一方面，多选择一些为大众喜闻乐见的精致产品作为赠品，低劣的赠品不但不能带来很好的销售效果，反而会遭到消费者的嫌弃。

3. 特色服务

　　特色服务指的就是拥有别人没有的服务，顾客只有在你这里才能够享受到某种服务。也就是说，销售员除了提供产品之外，还提供一些附加服务。例如，赠送代金券、赠送会员积分、实行免费咨询、免费维修、送货上门等一系列特色服务。花同样的钱，顾客在你这里得到了更多的服务，会让客户感觉自己在无形中占了一个大便宜。对于商家来说，这些特色服务又是增强客户黏性的有力工具。

总的来说，销售人员要懂得满足客户的占便宜心理，这不仅是销售的一大商机，更是为商家带来长久利益的重要保证。作为销售人员，想要拥有更多的客户资源，就需要充分利用客户这一爱占便宜的心理，投其所好，帮助我们"钓大鱼"。

"先紧后松"的心理战术

在销售过程中，当销售人员在确定了顾客的购买意愿后，面对顾客压价的要求，先以坚定的口吻向顾客解释不降价的理由，然后，根据顾客的反应和态度，逐渐改变还价策略。这种销售方法被我们称之为"先紧后松"的心理战术。

先紧后松的心理战术主要用于销售人员与客户的讨价还价上。其中主导方是销售人员，主动进行价格上的回旋和转变，以此达到成交的目的。

在某手机大卖场，销售员小崔正在向顾客介绍某款产品。

顾客："这款手机看起来不错，多少钱？"

小崔："大哥，一看您就是有眼光的人。这正是我们当下的新品，价格在4800元左右。"

顾客："价格这么贵，不能便宜点吗？"

小崔："大哥，真的很抱歉，我们这款手机都是标准的市场价，向来规定不给打折扣。因为我们的产品在质量和技术上都有着充分的保证。"

顾客："规矩也是人定的，灵活点嘛！我刚从手机批发市场看过价格，那里的老板说4000元就能够卖给我。为什么同样的品牌、同样的型号，你们却贵了800元？"

小崔："其实，买东西讲究的就是放心、舒心，现在假冒伪劣产品到处都是。手机市场里也不能够排除个别不法个体老板通过以旧翻新，或者是转手一些水货在市场上销售。"

顾客："也不能一概而论，还有一些正规的手机大卖场的价格也比你们这里便宜啊！"

小崔："大哥，看来您真是有备而来啊！但是您可能不知道内部情况，我们之所以比某些商场的贵，是因为手机的内存配置不同。我们高出来的价钱，可是远远低于了手机的额外价值。"

客户："哟，这点我还真是不知道，你看，我也说了半天了，你怎么也该给我便宜一点。"

小崔："这样，今天我也不能让您白来，等一会儿我多送您一些礼品，这些礼品都值200多元。您看如何？"

客户："好吧，好吧。"

案例中的手机销售人员采取的就是先紧后松的心理战术。首先，销售员在产品价格上"一口咬住"，予以坚定的态度和口吻，耐心、平静地为客户讲述了产品不能降价的理由；然后，在与客户沟通的过程中，根据客户的一些反应和态度，逐渐改变自己还价的方式，让客户从刚开始心里有个不能还价的概念，到最后逐渐接受这个事实。

在销售过程中，如果我们遇到类似讨价还价、不肯罢休的客户，同样可以利用"先紧后松"的心理战术，打破困局。

1.讨价之初，立场坚定

在一开始跟客户沟通时，先以坚定的口气，耐心地为客户讲明为什么不能降价，让客户在心里提前做好准备。接下来，才有利于双方话题的进一步深入。

反之，如果一开始销售人员就以松弛的态度和口吻与客户进行沟通，那么客户便会紧紧地抓住这个突破口，一味地要求在价格上能够有所让步。这时候销售人员就会处于不利之地。所以说，无论是从维护自身利益，还是从推动销售进一步发展的角度来看，一开始的坚定立场对于销售人员来说还是有必要的。

2. 讨价之中，拿捏尺度

面对那些一再还价的客户，有时候销售人员难免需要做出一定的让步。那么这个时候就涉及让步的程度大小问题。让步大了，损害到公司的利益；让步小了，起不到吸引客户的效果。对于让步的拿捏还需要掌控一个合理的尺度。

尺度主要包括两个方面：一方面是公司的制度、规则不可忽视或打破，销售人员不可滥用权力；另一方面，公司的利益需要保持在可接受的范围之内。这些都是销售人员在销售过程中需要明确的。

不过，销售人员需要注意的是，在可承受的范围之内，尽可能地给足客户优惠，而不是有所保留、克扣。毕竟优惠越多，对成交越有利。

3. 价格坚定，让步转移

有时候让步不仅仅局限于价格上的让步。因为客户除了优惠心理之外，还可能存在其他心理，例如占便宜心理、馈赠心理、免费心理等。这时候，销售人员可以在价格上咬紧不放，然后后期针对其他方面再做出让步，例如馈赠客户一些小礼品、免费送货上门、免费售后维修……这些都可以作为让步的理由从而促成交易。方法众多，不必禁锢于价格一个层面之上，这样更能够全方位地调动起客户的购买欲望。

不管是面对客户的讨价还价还是软磨硬泡，不管是死缠烂打还是胡搅蛮缠，这些都需要我们充分利用"先紧后松"来坚定销售立场，缓和销售氛围，同时根据客户的反应做出合理化的还价策略，最大限度上实现有效营销。

先大后小，刺激客户的购买欲望

"先大后小"是一种巧妙的退让策略，主要是借助请求的顺序关系来达成自己的目的。这种原理主要通过先提出大要求，然后在此基础之上让对方考虑并且接受这个要求。若是对方没有接受这个要求，那么我们还可以做出一定的让步，提出我们的小要求，这时候对方就会更加容易接受我们的小要求。再不济，就退而求其次，也有利于我们达成最初的目的。

假设我想找朋友借50元钱。我首先开口向朋友借100元钱，这样做不会有任何过错。如果朋友同意了，那么我反而借到了双倍的钱；倘若是被拒绝了，也没有关系，我还可以退一步向朋友借50元钱，毕竟那才是我的最初目的。

同时，当我退一步借50元的成功概率会大大增加，因为无论是从互惠的原理还是对比原理来看都会助我一臂之力。最终无论哪一种情况，对我都是有利的。

这是现实生活中典型的"先大后小"的例子。这种方法同样也适用于产品推销。很多销售人员都利用先大后小的顺序来刺激客户购买的欲望。他们在推销产品的过程中，总是先带客户去看最奢侈的商品，或者是向他们推销一些价格较为高昂的产品。如果客户买了这些价格高昂的产品，商店自然会大赚一笔；即使顾客不想购买，他们还可以将推销目标转向一些价格实惠、合理的产品，这样也可以帮助自己实现有效营销。

　　"先大后小"固然是一种巧妙的推销策略，不过销售人员在实际使用的过程中，还应该注意以下几点：

1. 实事求是

　　虽然营销策略都是利用某一技巧，帮助我们达到成交的目的，但是技巧绝非"手段"，一切技巧都应该是建立在合理的范围之内。

　　在利用"先大后小"原理的过程中，销售人员有时候可能会为了增强"先大后小"的营销效果，故意放大或者是贬低某一产品的价值。

　　例如，"我们这款价值7999元的千足金，不仅颜色纯正时尚，而且具有活血养气的神奇功效，帮助女性减龄10岁以上。对于女性来说，绝对是一件不可多得的法宝。"

　　这种推销方式实际上是不合适的。因为销售人员严重夸大了黄金的价值和功效，不免让人产生怀疑。一旦客户心中有了质疑，销售人员再想利用"后小"实现成交几乎是不可能的。所以，销售人员应该本着实事求是的原则，在合理范围内采取"先大后小"的策略，才能真正实现有效销售。

2. 以退为进

　　运用"先大后小"原理需要讲究以退为进的原则。有时候当我们先向客户提出大要求之后，很可能会面临对方的拒绝，这时候销售人员如果强硬进行推销，双方就很可能会僵持不下。

　　这时，销售人员就需要充分利用以退为进的原则，表面上顺应和尊重客户的需求，实际上，把客户引向另一个营销格局之中，保持自身的利益重心，同时，通过说服或者是一定的让步，刺激客户产生购买的欲望。

3. 引导但不强求

　　在销售过程中，很多时候销售人员会不自觉地将客户进行分类。比如哪些客户看起来买得起高档商品，哪些客户买不起；哪些客户看起来适用于这种商品，哪些客户不适用。

　　从某种意义上来说，这种客户分类的确会在一定程度上帮助我们实现更有针对性的销售，但同时也极有可能将我们带入另一个极端，导致我们喜欢朝着自己大脑中的分类方向去安排客户的意愿和产品需求，甚至有时候会带有刻意性和强求性，令客户产生不舒服的感觉。

从销售本质来看，这些做法都是不可取的，我们不能为了达成销售目的而去强求客户。我们可以进行引导、诱惑、刺激……但是一切都应该在合理的、尊重客户的范围之内。简单来说，也就是适当引导，但不强求。

"先大后小"是一种巧妙的销售策略，同时有一定的利弊性。如果合理掌握并利用，能够帮助我们实现有效营销，甚至会实现双倍的营销效果。但是，如果方向把控不稳，使用过度，也会在一定程度上对我们的销售结果有不利影响。

讨价还价的过程中，切忌不耐烦

　　做销售，掌握技巧是必要的，精明也不可或缺。但是，千万不要把客户当成"傻瓜"，更不要一味地把客户当成"赚钱的工具"，而是应该让客户看到我们的专业、真诚、耐心等良好品质，它会让我们在销售中收获更多。

　　尤其在与客户讨价还价的过程当中，销售人员更应该注意自己的态度、修养，切忌表现出不尊重、不耐烦。因为这都会在一定程度上影响到我们最终的成交。

　　销售员小吴被公司辞退了，原因是他将公司的一个重要的客户谈没了。客户声称不再和公司合作，而且将单子给了他们的竞争对手。事实上，这是公司的老客户，本来是另外一个老销售员一直跟这个单子。后来老销售员临时出差将单子交给了小吴。没想到短短几个月，眼看就要签合同了，突然就付诸东流了。经过调查，原因出在小吴说话的语气和态度上。

　　小吴年轻，说话冲，性格也比较直率。在与客户洽谈价格的过程中，客户反复压低价格，刚开始小吴还比较耐心地为客户讲解，公司有哪些标准和要求，以及他们的产品为什么值这个价格，都一一向客户做了详细的介绍。

　　可是客户根本不放在心上，一直在讨价还价。小吴听着听着就不耐烦了，坐在那里毫不在乎地玩起手指来。这下彻底把客户惹毛了。小吴也不甘示弱，坚持说客户顽固，不可理喻。最终客户投诉小吴，并且决定不再与他们公司合作。

在整个洽谈的过程中，客户没少为难小吴，小吴在最开始也保持着平静，耐心地为客户进行讲解。但是在最后关头，小吴表现出了不耐烦情绪，而客户正是利用小吴这一点失误掀起了很大的风浪，导致小吴之前的一切努力都毁于一旦，最终不仅丢了客户，也丢了工作。"小不忍则乱大谋"，讲的就是这个道理。

因此，在讨价还价的过程中，销售人员一定不能表现出丝毫的不耐烦，尤其是在言行细节上要做到以下几点：

1. 让客户把话说完，不要打断客户

打断客户说话是销售员不耐烦的典型表现。

在与客户讨价还价的过程当中，客户很可能会围绕某个方面强调自己的观点。这个时候，如果我们急于打断客户就会干扰客户说话的兴致，甚至会给客户一种不被重视、不受尊重的感觉。

因此，在条件允许的情况下，我们应该尽可能地让客户把话讲完，听完之后我们再来阐述自己的观点。如果是面对反复纠缠、喋喋不休的客户，虽然需要适当地阻止客户，但是也应该学会识大体，懂得用委婉、谦和的语气来规劝对方。让对方有面子，对方才会坦然接受。

2. 全神贯注地聆听，不做无关动作

讨价还价过程中，客户的"火焰"熊熊燃烧，如何压低对方的气势？是漫不经心的态度还是一决胜负？这些都不是好方法。

讨价还价并不是为了吵架，无论是客户还是销售人员都应该明确这一点。既然客户想说，那么最好的解决方法就是听他说、让他说，等他说累了、讲乏了，自然会停下来。

当然，倾听也并非是随意的。如果我们表现出不耐烦的语气或者是做出一些无聊的小动作，都会在一定程度上降低客户的兴致，甚至可能会给客户带来不满。就像案例中的小吴，仅仅是一个玩手指的小动作，就闯出了大祸。所以，"听"与"说"同样重要，都讲究走心、专注。

3. 心平气和地阐述，切忌态度不屑

在讨价还价环节，为了坚定立场，为了坚持产品的质量、品质以及价格的合理性，我们也需要对客户阐述自己的观点。不过如何阐述也有一定的讲究。说话内容、说话语气、说话态度等，这些都需要进行合理掌控。不能因为卖方市场占优势就表现出不屑态度。例如，"市场都这个价，爱买不买""别在这里杵着，我们已经是最低价了"。

这些话语中都透露着不屑的语气，也都是对客户不尊重、不重视的表现。虽然在一定程度上坚持了卖方市场，维护了小利益，但是却极有可能失去客户的支持与信任，甚至因此失去更多的客户。

态度决定一切，销售人员懂得再多的销售技巧，都不如真诚、平静的态度来得实在。这就要求销售人员无论面临多么艰难的窘境，无论受到多大的排挤和刁难，都要保持心平气和的态度，都要以最友好的姿态来面对客户，因为即便谈不成生意，也不会丢了人缘。

在价格上为成交保留一定余地

一般情况下，客户从对产品推销产生兴趣再到做出购买决定，总是需要经过一个心理过程。在这个过程中，销售人员只有循序渐进、稳扎稳打，有重点、有针对性地提出推销的核心，不断说服和吸引客户，才能最终抓住客户的心。为了达成成交，销售人员需要保留一定的成交余地。简单来说，就是要保留一定的退让余地，这样才能在具体的销售中拥有回旋的余地和谈判交涉的转换点。

销售人员需要谨记的是：不要在一开始就把交易条件和盘托出，而是应该讲究推销策略进程，注意提示的时机和效果，有所保留，保有反击之势。具体我们可以从以下两个方面来考虑。

1. 迎合客户心理价位

心理价位是客户作为一个消费者在购买产品时的底线。每个客户在购买某项产品的时候，在内心深处都会有一个心理价位，这个心理价位是客户衡量产品实际价格与销售人员口中价格是否一致的标准。

倘若产品的价格高于客户心理价位太多，客户一般不会选择购买；倘若产品的价格和客户的心理价位相差无几或者是在可接受的范围之内，就可能直接引发客户的购买行为。

这就要求销售人员在和客户谈判的过程中，一方面，努力去提升客户的心理价位，例如通过产品功能、特点、带来的用户反馈等多方面信息，放大产品的价值，通过广告推销和名人效应给产品润色、升值；另一方面，需要在充分把握降价空间的前提之下，使得自身的产品尽可能地符合客户心理提升后的价位。这就需要销售人员在降价空间之内以及客户心理价位之间做一个中和，取一个平衡点。

2. 抬高价格

"抬高价格"是推销价格策略中常用的一个策略，又称为"反向谈判战术"。通常情况下，这个策略能够帮助销售人员在一开始就快速地削弱客户的信心，也能够趁机摸清楚客户的基本情况。

当然，抬高价格并不是随心所欲、信口开河、漫天要价。太高的价格不仅不会带来好的效益，甚至可能会把客户直接吓跑。抬高价格是把目标定在让一步的地方，要价要高，让步要慢；然后销售人员一步步地将价格让到目标价位的时候，基本上就可以成功搞定客户了。

如果销售人员能够在销售谈判中充分利用这一策略，并且获得与客户商榷的机会，那么成交便是水到渠成的事。

比如，一个客户购买某项产品，客户的心理价位大概是200元。你觉得大概在250元左右就能卖，那么这个时候你就需要要价300元左右，给客户保留一定的还价空间。这样，在客户还价的时候你就可以适当做出让步，最终轻松实现目标。

再比如，客户对你们公司的产品很中意，想要从你这里订300件，而你为了提高销量，希望客户能够订400件。这时候你就可以说："您好，我们这里订单至少要超过500件以上才能提供包邮。"然后在和客户经过一番讨价还价之后，最终以订400件包邮的"让步"与客户达成交易。

这种抬高价格的心理策略就是典型的"以退为进"。在进行销售之前，提前对商品价格进行思考，在价格上事先保留一定的回旋余地；在与客户沟通的过程中，按照事先想好的价格策略，以及客户还价反应，合理确定价格定位。这种将目标定在退一步的策略，不仅不会损失自身利益，还能够增加与客户交易成功的可能。

　　不管是打"价格战"还是打"产品战"，销售从始至终都是一场心理上的竞争。它较量的不仅是筹码掌握的多与少，更是如何使用筹码的技巧。在实际销售过程中，对于筹码的使用，不见得开门见山、越多越好为妙。相应地，懂得客户的心思，注重时机和成效，在此基础上行事往往可以事半功倍。

"化整为零"，淡化客户对价格的敏感度

销售是一场心与心之间的较量，是客户与销售者彼此获取利益并且达成一致认同的过程。在具体销售过程中，一切的谈判和交涉都是建立在双赢的基础之上，只有双方都能够获取相应的利益才能达成最终的合作。

谈到利益，人们必然想到金钱利益，也就是销售人员和客户之间的价格谈判。一直以来，"价格"都是客户在选购产品时所关注的焦点。人们购买产品时通常第一句话就是"多少钱？"多数情况下，无论是什么产品，也不管产品的定价具体为多少，只要在市场上进行出售，总会有人说产品的价格高。价格永远是消费者最关心的因素，也是决定能否促成成交的关键因素。

为此，在价格的谈判上，销售人员更应该充分重视。除了我们在前面介绍的那些策略之外，销售人员还需要对价格进行细分，通过化整为零，淡化客户对价格的敏感度。事实上，这是利用了人的一种奇妙心理：当一个数字很大时，如果把它拆分开来看，那么数字便被瞬间缩小了。既然客户永远把价格放在第一位，永远希望以最少的价钱买到最好的产品，那么我们就应该顺应客户的这一心理来进行谈判，尽量满足客户的这种心理。

例如，当客户认为某项产品很贵的时候，这时候销售人员如果为客户计算并罗列出客户每个月或者是每天需要为此产品支付多少钱，那么客户就会将这笔支出与意识中的小支出形成比较，最终觉得产品的价格在可接受的范围之内。

具体的化整为零的方法，我们可以从以下两点来考虑：

1. 时间分割，让客户看到实惠所在

将价格化多为少，最常见的方法就是把价格按照年月日进行平均分解。有时候，当客户刚听到某件商品的价格，可能会习惯性地说商品较贵，这时候销售人员就需要帮助消费者来算这一笔账，将平均每年、每月、每天的价钱展现在客户面前，这样可以在一定程度上避免或减少大数目给客户带来的冲击。

某商务中心地段有一排门面，由于租金昂贵，一直没能租出去。公司为了提高业绩，将此事一股脑儿地抛给了老李。老李是公司较为资深的销售员，早已摸透销售中的各种套路。

接受这项任务之后，老李并没有按照原来的销售步骤来执行。首先，老李先对公司的宣传单页进行了系统的修改，将原来的每年租金72635元，细分到每天租金199元。要知道在商务繁华的地段一天销售营业额是一个庞大的数字，比起每天199元的租金，简直算不上什么。经过这样的宣传，再加上老李精湛的销售技巧，这排门面不到两天就成功租出。

一般情况下，人们对"天"的概念比较深刻一些，对于以"天"来计算的账目也更为清晰。在某种程度上，人们会忽略以"年"计算的价格，甚至会在大脑中有个大致的概念，将着重点放在每天上面。事实上，无论是以"年"为单位还是细分到"月""日"为单位，自始至终价格都没有变，199元乘以租用天数365，算下来仍旧是72635元，真正改变的只有时间单位而已。但仅仅是化整为零地变化一下信息传递方式，对客户成交决策的影响却是极大的。

2. 差额细分，让客户更加容易接受

除了时间单位上的细分法之外，还有一种方法也能够淡化客户对价格的敏感度，那就是差额细分法。差额细分法主要是指产品自身价格与客户对产品的预期价格之间的差额，然后销售人员在此基础上对差额进行有效说服的

一个过程。

这种方法主要利用的是视线转移、目标缩小法。因为一旦销售人员与客户之间确定了价格的差额，那么价格谈判的焦点就会转移到小小的差价上面，而不是庞大的商品总额。这时，销售人员只需要进一步分析说明，澄清差额的原因，将产品的价值和利益点异议展现在客户面前，那么客户接受的可能性就会大很多。

总之，所有销售谈判的背后，都是双方在维护各自利益，并努力达成双赢。只有通过化整为零，让客户真正看到、体会到自身的利益，才能促使他下定决心埋单。

第七章

▶▶

掌控心理学：他到底想要什么

　　在销售中，客户类型不一而足，差异化极大。面对诸多类型客户，如何在各种角色之间合理应对、游刃有余，这就需要从心理学的角度出发去了解不同类型客户的内心需求。只有当你掌控了客户的心理，知道何种类型客户拥有何种性格特点、行为习惯，具体问题具体分析，才能够更好地应对不同客户的问题，满足不同客户的要求。

好好先生型客户：让他一直说"YES"

在销售过程中，好好先生是销售人员最乐意接待的客户。因为他们一般比较温和，心胸宽广，不会故意刁难别人，对于销售人员的工作也会十分配合，容易和销售人员建立起良好的关系。不过，他们也会存在耳根子软、摇摆不定、说话没有目的性的问题。

向好好先生型客户推销，对销售人员来说前期十分轻松，主要原因在于他们不会拒绝销售人员所推荐的产品，即便没有很强的购买欲望，也会选择耐心听完。同时也存在一定的弊端，他们的购物也相对没有目的性，很容易产生摇摆不定的情绪，使得销售难以快速、有效地进行。

所以，想要更好地掌控这种客户类型，就必须先掌控好其心理。具体我们可以从以下几点来考虑：

1. 拉近关系，让客户不好意思拒绝

好好先生型客户的特点是：为人亲切，谦和有礼，对别人不会有过多的要求。首先，销售人员可以尝试着与客户聊聊自己的工作，让客户感受到销售工作的辛苦和不易，刺激他们的同情心。其次，销售人员可以多寻找一些共同的话题，增加客户的好感度，提升彼此的关系。最后，随着关系的拉近，好感度的提升，即便一开始客户没有过高的购买欲望，但是他们顾及销售人员的心情，也会更加体恤销售人员，不好意思表露出拒绝的神态。

2. 不让客户做选择题，让他一直说"YES"

这类客户在商品的选择上会优柔寡断，思考很久。如果销售人员强行要求他拿定主意，只会让他更加纠结、不知所措。这时候销售人员需要尽可能

地避免让客户做出选择，具体做法可以是略带"强势"地引导或者是主动帮助客户选择，这些都会对销售起到推波助澜的作用。

　　同时，销售人员在推销的过程中，需要善于运用诱导性语言，让客户处于一直点头的状态下，在语句使用上也尽量简短快速，不要给这类客户过多的思考时间，避免让他面对选择，从而在悄然无息中完成签单。

　　吴强是某保险公司的销售人员。有一次他登门拜访之前向他咨询过的客户。客户十分热情，还给他泡了杯茶。这让吴强受宠若惊，因为之前很少会碰到这样的客户。随后在吴强的推销中，客户显然并没有强烈意向，还是十分耐心地在听他介绍。

　　吴强渐渐意识到客户属于好好先生型，虽然不会打断自己的推销，但想让他购买产品就需要适当地转变思路，对他使用诱导式的语句。于是他开始代替客户做选择："先生，我认为这款保险就十分适合您。为什么呢？首先，您的工作性质决定了您有这样一份需要；其次，从个人安全和家庭责任的角度来说，保险是每个人保障生命的必然选择。现在更加方便的是，您不需要考虑选择哪种保险类型，可以直接得到我们主推的既全面又实惠的个性套餐。"客户听吴强这么一说，觉得有几分道理，全程中一直处于点头的状态。最终在吴强的强力推荐之下，客户顺着吴强的引导购买了一年的个性保险套餐。

　　在销售中，吴强很清晰地抓住了客户好好先生的心理状态，没有让客户面临多项选择的困境，而是自己代替客户做出选择。他专业地给客户推荐了最为合适的产品，不仅让客户没有拒绝的理由，而且以强大的说服力和吸引力说服了客户，最终顺利签单。

　　在实际销售活动中，面对好好先生型客户，我们总结出以下几种方法，可以有效推进销售成交：

　　（1）"少选择"。主要是为客户提供尽可能清晰、简单、有限的选择，或者是为客户做好选择。

（2）"多点头"。这类客户最大的特点就是易接纳、不拒绝。我们最好的做法就是让客户一直处在说"YES"的环境中。

（3）"多引导"。销售人员可以在客户犹豫的情境下，多做一些引导性的建议和推荐，帮助客户坚定需求和选择。

总的来说，不同的客户性格特点和选择方式都会有所不同。销售人员最需要做的就是有效地识别客户类型，掌控其心理；然后在此基础之上"对症下药"，真正将话说到有用之处，才能成为销售场上的"常胜将军"。

犹豫不决型客户：给他一个下决心的理由

在销售过程中，我们时常会碰到这样的客户：他们对于产品和服务看似并没有特别大的意见；当销售人员给予详细的介绍和推荐之后，他们往往会表示赞同和认可；但到了签单的关键时刻，他们往往又会变换着说辞来推托。比如，"我还想再考虑考虑""我觉得×××产品也很好""我还是过段时间再买吧"等。他们对于决定总是一拖再拖，无法快速地拿定主意。面对这样的情况，销售人员时常会感到手足无措。因为他们没有明确的目标，不断地在改变喜好，让人无法琢磨。

这种类型的客户就属于犹豫不决型。面对这种类型的客户，我们取胜的关键就是给他一个下决心的理由。那么，这个理由从何而来呢？

1. 试探性语言，寻找客户的需求点

客户之所以会产生犹豫不决的情绪，主要是因为他们自身就没有明确需求点，看到什么类型的产品，都觉得合适。而当你敲定某一种产品的时候，他们又会产生巨大的抵抗，让自己在众多选择中晕头转向。这个时候就需要销售人员在与客户的交谈中，不断试探他们的需求点，从而寻找到让他们犹豫的理由，有效应对。

陈女士想要购买一台空调，在某家电公司挑选了很久。销售人员推荐了几款产品，陈女士都表示十分满意，却久久不做决定。"这款我觉得颜色很好看，不过那一款也不错。""对了，这是明星代言的吧，看上去就很大气。""哎呀，我想再考虑一下，等下次再买吧。"

对于客户的犹豫不决，销售人员始终没有放弃，走上前去小心试探："这几款各方面都很好，您想再考虑一下也很正常。我只是担心自己哪方面没有介绍清楚，所以，想问一下，您还存在哪些方面的疑问？"

经过进一步的了解，销售人员发现陈女士原来是为刚买的新房添置空调。在详细了解了陈女士家的户型和装修风格之后，最终销售人员推荐了一款不算热销却十分适合陈女士的家电产品，陈女士表示十分满意。

对于客户前前后后的犹豫不决，销售人员没有表现出不耐烦，而是更加耐心地询问原因，希望为客户解决疑虑和问题，最终经过一番试探和说服，客户终于购买了产品。

在销售过程中，对于犹豫不决型客户，很多销售人员可能都会输在等不起上面。事实上，想要成功"捕获"这类客户，最重要的就是保持耐心，懂得不断向客户提出试探性的询问，以此来寻找突破口。"我想知道您的顾虑是哪方面的问题？""我是不是哪一点没有给您讲明白？"运用这些语句去试探客户的需求点，才是制胜的关键。切忌在客户犹豫不决时直接回答"那您再看看吧""您可以想清楚了下次再来"等语句。这无疑是在给客户下逐客令。

2. 适当施压，给客户一个下决心的理由

如果你的客户天生优柔寡断，即便你找到了他的需求点，并解决了所有问题，他还是有可能犹豫不决，迟迟不肯做决定。这时，你不妨适当地施加压力，制造点紧张感，增加客户对于产品的迫切度。可以试试以下几个小技巧：

（1）表示产品的数量有限，作为热销产品，需求量很大。让客户感受到他如果此时不做决定，将没有下次购买的机会。

（2）表示产品优惠时间有限，即将恢复原价。以"过了这村，就没这店"的方式在价格方面给予客户适当的压力。

对于犹豫不决型客户，一味地尊重其选择，只会助长他的犹豫，让他久

久不能做决定。适当地施压，销售人员可以从被动变为主动，来引导客户。当然，这也需要销售人员把握好施压的力度，压力过小会没有成效，而用力过猛，则会适得其反。销售人员只有真正掌握了客户的心理，并快速有效地给出解决方案，才能让客户从心里认同你提出的方案，从而摆脱犹豫不决的情绪。

爱慕虚荣型客户：顺势奉承，也要合理推荐

爱慕虚荣是一种非常普遍的心理现象，在消费过程中表现得更为明显。客户为了满足自身的虚荣心，喜欢追求价格比较高档的产品，习惯性地自我炫耀，总是把"我如何如何"挂在嘴边。在购买过程中，他们还渴望通过销售人员的赞美和恭维，来满足内心的优越感。很多销售人员在面对这类客户时，都会表现出极强的恭维能力，小到客户细微的妆容，大到客户的人格品位都夸赞了一番，而对于爱慕虚荣的客户来说，也会乐在其中。

因此，遇到爱慕虚荣型客户，给予足够的奉承和赞美是十分必要的。因为这一类客户在遇到赞美时会很容易放下警惕心，善用奉承可以帮助我们迅速拉近与客户的关系。例如，"您今天的打扮很有魅力""这个产品很衬托您的气质"等。这类言辞会增加客户内心的好感度，并且从奉承中获得了内心的满足感。如果销售人员可以填满他们的虚荣心，他们也会适当地回应，并且愿意顺从销售人员的引导进行消费。

需要注意的是，在顺势奉承的同时，销售人员也应该合理推荐。首先学会看准时机。比如在客户享受赞美之乐的时机，给爱慕虚荣型客户推荐店里较为高档的产品。当然，有时往往会出现问题。比如，客户并没有因此埋单，而是在享受完奉承之后，选择了借机离开。这使得销售人员摸不着头脑，难道是自己的奉承话说得不够好，还是他们本来就没有购买的欲望？

通过下面这个案例，我们可以找到问题所在：

小杨是一家服装店的销售员。一天，一位打扮很普通的中年女士走进店

里，转了两圈后，在一套高档套装前停了下来。

小杨连忙走过去热情地推荐："这套服装既时尚又高雅，如果穿在您这样有气质的女士身上，一定会让您更加高贵优雅。"

女士点点头，表示十分满意："你们家的牌子我经常穿，虽然不像我平时穿的那些大牌高档，但还算不错！"

小杨仔细打量了一番，发现她穿得十分普通并不奢华。这位女士也发现了小杨的眼光，略显尴尬地解释："我今天出门比较着急，就随便穿了件家居服。你知道的，这样穿舒服，而且我为人也比较低调。"

小杨听到客户这么说便信以为真，立即拿出店里最贵的套装推荐给客户："这套衣服质量更好，虽然价格贵了点，但是符合您的气质和品位，您觉得怎么样？"

女士看了一下价格，面露尴尬，谦虚地说："谢谢啊，您过奖了，我觉得这个衣服确实还不错，当然也不是很贵，但我有了款式相似的衣服了，我还是不要了。"

小杨继续恭维地说："您身上散发的气质，是天生的。我觉着这件衣服很适合您，这个款型也不会过时，要不，您试试看。"女士听后依旧表示不喜欢，随后便转身离开了。

小杨之所以没有完成签单，并不是因为奉承力度不够，也不在于客户没有购买欲望，而是作为销售人员，她没有做到在奉承之余关心客户的真正需求。她只知道强行推荐过于高档的产品，没有考虑到客户的承受范围，最终适得其反，失去了客户。

很多时候销售人员会遇到和小杨相似的情况，在满足客户虚荣心之后并没有顺利签单。这个问题的出现就在于销售人员过于奉承，没有考虑到客户的自身情况。例如推荐了价格超过客户购买力的产品，推荐完全不符合客户需求的产品等。这些都会在一定程度上影响到最终的销售结果。

所以，遇到爱慕虚荣的客户，除了奉承之外，我们在销售产品的过程中还应该考虑到以下几点：

（1）在价格方面要多留意客户主动询问的产品，估算客户的意向购买能力。而不要被客户的虚荣心所蒙蔽，直接把最贵的产品推荐给他。

（2）确定客户能力范围之后，给客户推荐价格在承受范围之内的高品质产品，并且要拿较次的产品作为衬托。

（3）有效使用"为了高档而高档"的推销方式，避免给客户推荐了高档的商品却并不适合他。即便是客户这次碍于面子付了钱，随之也会失去对产品和销售人员的信任感，不会选择再次购买。

总而言之，对于爱慕虚荣型客户，推销方法有很多，但在细节的把握上仍然需要拿捏妥当。同时，在抓住客户虚荣心的基础上，了解其真实的需求点，做到适度奉承，合理推荐。确保既能满足客户的虚荣心理，又能够为其推荐较为合适的产品，是最终成交的重要砝码。

理智分析型客户：取信于他是问题的关键

理智分析型客户做事冷静、认真、严谨。在面对销售人员推荐的产品和服务时，他们会展现出极强的专业素质，从产品的各个方面来咨询，通过相互对比分析是否符合自身需求。

遇上理智分析型客户，会让大部分销售人员感到头疼。因为他们对待事情过于理性，处理事情的出发点就是冷静客观，这就导致销售人员一些奉承或吹嘘的小伎俩毫无成效。

不过相对于那些小伎俩来说，这类客户更加注重的是信任感，是人与人之间心理上的距离。我们可以具体从以下途径着手：

1. 实事求是，以诚相待

面对理智分析型客户时，过度的溜须拍马是多余的。这类客户虽具有极强的购买欲望，但以他们冷静认真的做事原则，必定早已了解过产品的各项功能，甚至是长期购买类似商品的"发烧友"。

一般情况下，这类客户不会听信销售人员的一面之词，而是会通过自我分析比较利弊来做出合理化的判断。这时销售人员如果不断卖弄或者是吹嘘产品，就会显得不够专业，甚至还会拉低了客户对产品的好感度。

所以，在交谈和推荐产品的过程中，销售人员需要做到实事求是、以诚相待，将产品的优劣势以及细节处直截了当地展现给客户。同时，给予合理化的推荐，加强客户对于产品的可信度。真正做到坦诚交谈，而不是夸大其词。

2. 展现专业技能，获取客户的信任感

在与客户交谈中，除了坦诚的态度，还需要展现出销售人员的专业水

平。特别是在面对理智分析型客户时，更需要具备专业技能。这样一来，即便是客户拥有强大的专业知识，我们也能够做到从容不迫，并且用精湛的语言和过硬的专业知识来说服客户。

丁志是某英语培训机构的销售人员。一天，在销售过程中，虽然他已经把培训机构的教育水平和设施夸得天花乱坠，可客户依然不为所动。随后，丁志又在价格上给足了优惠，还是不见成效。丁志心想这位客户是不是并没有想报名的欲望，但在细心的观察下，他发现客户对于自家培训机构十分了解，对于教师水平和设施等都会详细询问，在各方面考虑得十分谨慎周全。丁志开始意识到客户是事先做过"功课"的，拥有一定的专业水平，普通的销售手法必然无法打动他。

于是丁志立马转变销售方式，用专业的语言和口吻，充分展现自己过硬的专业技能。而且，他全程使用英文给客户解说培训机构的优劣，态度十分诚恳。这一行为打动了客户，当看见销售人员都有如此高的专业水平，客户表示大为满意，最终也顺利签下订单。

作为一个销售人员，如果没有过硬的专业技能，如何让人信服？如果理智分析型客户比你还要了解产品，他们所提出的问题你都没办法回答，那么你的销售技巧还有说服力吗？

常言道："不打无准备的仗。"在面对理智分析型客户时，只有拥有强大的专业技能，给予其权威详细的产品咨询，并且向对方呈现出我们的真挚和诚意，这样才能使得对方信服，才能将销售中的主导权握在自己手中。

理智分析型客户无非就是爱说理，想以"理"买之。那么我们首先就做到以诚相待，用坦诚的交谈方式，让他们感受到真诚，收获可信度。随后再与客户讲理，用过硬的专业技能使之信服，最终推动销售工作的深入开展。

内向腼腆型客户：用真诚敲开他的心门

在销售过程中，有时候会出现这样的情况，不管我们怎么努力推销，总会有一部分顾客说"随便看看"或者一直保持沉默。这类客户总是给人一种冷漠的态度，他们对于销售人员的询问不予理会，甚至在销售人员详细介绍产品功能时依然不为所动，不表达任何观点和疑问。从客户类别上来看，这类客户属于内向腼腆型客户。

对于这种类型客户，销售人员通常会认定他们属于没有购买欲望的客户而选择放弃推销，恰恰这种错误的判断容易使销售人员损失大量潜在的客户。

实际上，他们只是性格上比较腼腆，不喜欢与陌生人交谈，但对于销售人员所推销的产品，他们都会仔细地倾听和考虑，并且具备一定的购买欲望。当我们能够探测到其腼腆的内心，并且以礼相待，用真诚和热情不断感染客户，就能够敲开他们的心门。内向腼腆型客户本身性格就十分内敛，不善言辞，有时面对销售人员的热情询问他们更容易沉默寡言。在销售过程中，往往销售人员询问十句，他们才会看情况回答一句，有些时候甚至会全程保持沉默，没有明显的情绪表现。这些都使得销售氛围变得沉闷，导致销售工作变得无从下手。

对于这种情况，销售人员切记不能打退堂鼓，更不能轻视这类客户的购买欲望，因为你只是被内向腼腆型客户的外表所蒙蔽。通过仔细观察你会发现，虽然他们沉默寡言，没有回答销售人员的提问，也没有表现出过度的反感情绪，但实际上他们一直在认真倾听销售人员的介绍，并且内心已经在进行比较和考虑。

想要让内向腼腆型客户主动开口向我们询问，一味地推荐产品显然不是打开话题的好方法。面对这类客户，除了展现耐心之外，还需要利用好真诚这个"武器"，它可以快速地拉近我们与内向腼腆型客户的关系。

王洋是某婴儿用品的销售员。一天，一位先生来店里看婴儿用品，很多当班的柜台销售员都主动热情地询问对方需要什么类型的商品。每一次被询问，这位先生都只是说自己随便看看或者保持沉默，到每个用品前都是匆匆地浏览一下就迅速离开了。而且这位先生显得有些窘迫，脸涨得通红，转了两圈，就准备离开。

王洋根据自己的经验快速判断出该客户是一个比较内向腼腆的人，于是立刻上前和客户沟通。王洋先是不断询问客户自身的情况，并将话题尽量引到孩子的问题上。在聊起宝宝时，这位客户显然放松了很多。之后，王洋又以朋友的语气和客户谈论起育儿心得，客户慢慢地对王洋产生了信任，并主动沟通起来。这时王洋开始将话题引入到产品上来："先生，有一款产品我家的宝宝也在用，您要不要看看？"客户将目光投过来，表现出强烈的好奇心。这时候王洋趁热打铁："我们聊了那么久，我一定给您友情价。"听到这里，客户果断买下了产品。

王洋通过主动关心客户，让他卸下防备心理。在他感受到销售人员的诚恳之后，同时也开始表达内心的诉求和想法。在接下来的沟通中，客户就会打开心门，渐渐接受王洋的建议和推荐，进而产生购买欲望。

内向腼腆型客户冷若冰霜只是表面，内心火热才是事实。所以，前期就需要销售人员来做"热场"工作，一旦我们为客户营造出一个轻松、自在的氛围，向客户表达我们的热情和诚意，客户也会相应地做出回应，向我们打开心门。

外向健谈型客户：满足他的发表欲，适时成交

外向的人最典型的特征就是热爱表达，他们喜欢在各种场合滔滔不绝地展现想法。这种心理表现在销售过程中却是另一番景象。例如，当他们过于热情地表达观点时，常常让销售人员无法快速转换话题，切入重点，进而陷入看似讨论热烈却没能成交的尴尬处境。销售人员一旦强行打断他们的兴致，就会立即引起他们的反感，导致签单变得遥遥无期。

面对这种外向健谈型的客户，在销售中如何自如驾驭场面呢？

1. 营造"人情味"，满足客户的发表欲

外向型客户通常把情绪变化表现得很明显，对于喜爱的产品会直截了当地表达，并表明自己对价格的要求以及对产品功能方面的看法。

而销售人员在获得客户的明确想法之后，往往会犯一个错误，就是误认为客户既然有了明确的目标，只要加快推销速度就可以顺利完成任务。

事实上，这类客户很厌烦销售人员一开口就推荐产品，因为这会让他们感觉不到"人情味"，找不到共同话题，满足不了他们的发表欲。同时，他们也会直截了当地表达反感的情绪，最终导致销售失败。

因此，当我们在与外向健谈型客户交流时，应该从以下几点来做：

（1）先寻找他们感兴趣的话题。比如，生活问题、八卦新闻、兴趣爱好等。先与他们进行热情交谈，而不是把强烈的销售感表现出来。

（2）营造话题不断、志趣相投的氛围。这类客户因为性格的驱使，他们更加希望借助交流充分表达自我的观点，来满足自身的发表欲。这时，销售人员就需要给客户营造出一种话题连篇的氛围，在这种充满"人情味"的情境下，赢得客户好感。

2. 掌握主动，适时成交

面对外向健谈型客户时，销售人员在建立"人情味"之外，还需要掌握主动权，充分把握时机，做到适时成交。达成这些的前提就是要有良好的掌控力，不要被客户的思路所带跑，失去话题的主导权。在销售过程中，销售人员应该充分发挥自己的专业技能，在侃侃而谈之余占据主导地位，严格把控时机。

小张是某化妆品公司的销售人员，在给一位女士推销的过程中，她感觉到十分吃力。这位客户从进店开始就十分热情，不停地向小张展开各种询问，从产品本身到公司厂家，甚至是平时化妆的经验都拿出来和小张讨论。

面对如此善谈的客户，小张也不能随意拒绝，只能陪着客户不停地讨论。时间一分一秒过去了，客户和小张是越聊越开心，但还是没有购买的意向。小张意识到如果不尽快阻止客户的发表欲，只会耽误自己的时间和精力。随后，小张利用提问的方法，让客户集中注意力："这款产品很适合您现在的妆容，并且相对于您之前用的化妆品来说，我们这款产品性价比特别高。"说到这里，客户的注意力立马被吸引过来，话题也转变到了产品上。小张掌握主动权之后，顺利地引导客户，再加上客户对小张的印象不错，觉得聊得很投机，最终在"润物细无声"的聊天中，小张实现了成交。

外向健谈型客户往往察觉不到自己的喋喋不休，反而很享受这种状态。所以，他们容易陷入话题之中，占用销售人员大量的时间。如果销售人员不能够及时中止、有效引导的话，显然是不利于成交的。

虽然从客观的角度来看，融洽的沟通氛围确实会有助于推销，但前提是销售人员需要合理把握交谈时间，既让客户满足表达欲，又严格限制谈话时间，掌握交流中的主动权。

总之，在外向健谈型客户面前，销售人员要先了解他们的心理，营造出充满"人情味"的洽谈氛围，让客户充分展现表现欲，这是掌控客户的第一步。在随后的环节中，销售人员还需要做到比客户更"健谈"，加大营销力度，适时引导客户，进而为成交做足准备。

挑剔难缠型客户：听他批评，切忌争辩

销售人员经常会接触到形形色色的客户，有态度温婉的，也有挑剔难缠的。态度温婉的客户，通情达理；挑剔难缠的客户，过于关注细节，态度强硬，有时甚至会对销售人员恶语相向，即便销售人员已做好了周全的服务，他们仍然会吹毛求疵。面对挑剔难缠型客户，销售人员即便拥有口吐莲花的本领，也难免不被挑剔。

所谓"越挑剔，越有戏"，遇到这类客户有一点是明确的，那就是他们有需求才会各种挑剔。那么，面对这类客户我们该如何应对呢？

1. 控制情绪，合理应对

对于销售人员而言，遇上挑剔难缠的客户，简直是场噩梦。他们咄咄逼人的挑剔功夫，几乎让人招架不住。面对这种情况，销售人员内心难免会产生负面情绪，想要去好好地辩解一番。

需要警惕的是，无论你解释得如何完美，都不会使他们信服。因为在你开口辩解的瞬间，就已经失去了客户。他们已经在你的态度里感受到了不尊重，从心底对你产生排斥。这显然不是个好结果。

所以，比起推销产品，此刻我们更应该做的是控制情绪，给客户最大的宽容和谅解，让他们感受到理解和尊重。我们需要具体遵循以下两个原则：

（1）切记不要当面反驳。很多时候，客户的挑剔只是为了获得更好的服务，买到更满意的产品。销售人员的反驳无疑是对他们的质疑和挑战，会让他们当场发飙、转身而去。如此一来，得不偿失。所以，面对这类客户的挑剔、批评，销售人员一定要压制住心中汹涌的负面情绪，克制住自己想要

立刻反驳的冲动。

（2）切记不要敷衍了事。很多销售人员为了控制情绪，采取左耳进右耳出的态度。这样会让客户感受到你的不尊重，甚至质疑你的专业水平，对产品也抱有怀疑的态度。所以，面对这类客户的挑剔时，销售人员要更加用心地替他们出谋划策。

2. 解决问题，搞定客户

想要从挑剔难缠型客户手中签下订单，光有强大的心理素质还远远不够，他们可不会只因为你的态度友善而"手下留情"。

我们真正需要做到的是主动出击，既然客户有挑剔，那说明产品和服务还存在某些瑕疵。这时候我们就需要耐心倾听，做到消化处理，提取精华，从中寻找问题的关键所在，并在客户提出问题之后，快速地给出解决方案，成交就会变得很容易。

张乔是某电器品牌的金牌销售。一天，店里来了一位非常挑剔的客户，从电器的构造到售后服务挑出各种毛病，不断挑战着张乔的情绪底线。客户很不友好地说："你们家的产品没有×××品牌的好，看这做工、材料都不怎么样，估计用不了几天就坏了。"这让张乔心里更加不爽，但是转念一想，已经花了那么久的时间去争取客户，如果因为自己的一句话而失去客户，岂不是赔了夫人又折兵。张乔立即为客户拿来售后服务卡，微笑着对客户说："如果产品在使用之后出现问题，我们这边会立马打电话让服务人员24小时之内上门维修，如果的确是产品自身的问题，我们也接受退换。"

听到这里，客户接过售后服务卡，脸色明显变得缓和起来，看着张乔如此认真负责的态度，客户很是满意，最终顺利签下了订单。

面对客户的挑剔，张乔清楚地意识到客户提出的问题一定事出有因，而且情绪冲动解决不了问题，所以张乔并没有表现出不耐烦，而是真诚、耐心地为客户提供解决问题的措施，让客户看到了真诚的服务态度，最终成功搞定了客户。

　　总的来说，面对挑剔型客户最为有效的办法就是：听他批评，不予争辩，尽可能地让客户感受到我们的真挚与坦诚。与此同时，随着客户情绪的慢慢平复，我们对客户的需求点进行核实，找出相应的解决方案，最终以讨好、让步的角色逐步把控和满足客户心理。

贪小便宜型客户：给足优惠，让他无法移步

贪小便宜型客户习惯性地精打细算，在价格方面尤为较真，必须要让他们感受到自己得了便宜，否则想让他们掏钱埋单几乎是不可能完成的事。

大部分销售人员的处理方式就是尽量给足优惠，能打折扣的打折扣，给不了折扣的以赠品相送。不过，销售人员久而久之就会发现这类客户的"胃口"极大，远不是小优惠可以满足的，但销售本身是以营利为目的，谁也不会做亏本生意，销售人员更不会自掏腰包地过分打折。于是双方僵持不下，使得销售无法继续进行。

那么，如何让贪小便宜型客户顺利购买呢?

1. 营造"占便宜"的氛围

在销售领域流传着这样一句话："客户要的不是便宜，而是占便宜的感觉。"很多商家和销售人员都是借助营造占便宜的氛围来满足客户占便宜的心理。不过，制造占便宜氛围的方式必定要以盈利为前提，所以这就需要我们掌控一定的技巧：

（1）利用价格差来吸引客户。价格上的差异最能够吸引客户的目光，一旦让客户感受到自己用比以往低很多的价格买到同等产品，他们就会在心里觉得自己占到了便宜。

在某服装店挂着一件大衣，做工精细款式新颖，但因为价格昂贵一直没能卖出去。后来店里新招了一位员工，他表示可以快速地卖出大衣，并对店长说："请把这件大衣摆在店里最显眼的位置，并且把价格从3000元涨到

6000元，在一周内不管谁来还价都立马拒绝。"

店长表示很疑惑明明3000元都卖不出去的大衣，不降价反而涨价再卖？但这位员工表示一周后一定把大衣卖出去。随后大衣被摆在了橱窗最显眼的位置，因为做工确实精美，引来不少人的关注，但询问价格后都放弃了购买，并且那些想要还价的客户也被店员一口回绝。一周过后，员工将大衣的价格改为4000元，并做了很显眼的价格牌。这一举动立即吸引了大批曾对这件大衣感兴趣的客户。大衣很快就被卖了出去。

很显然，这位员工就是巧妙地打了一个价格差，先在客户心里设定了一个较高的价格，也就是我们所谓的不减价反而抬价的手段；然后利用一个比原来低很多的价格为"诱饵"，让客户有了占便宜的心理，此时客户考虑的不再是价格与产品是否对等，而是在意是否比上次了解到的价格便宜了很多。销售人员正是抓住了这一心理，顺利完成了交易。

（2）以"限时促销"带动销售。除了在价格方面吸引客户，我们还可以运用限时促销的方式来营造占便宜的氛围。

在一家商场，鸡蛋销量不太好，于是就有销售人员建议利用促销和限购的方式推销鸡蛋。限购促销活动刚刚开始，就吸引了大批抢购鸡蛋的顾客。如此一来，不但提高了鸡蛋的销量，还给商场带来了更多的人流量。

原本卖不出去的鸡蛋，贴上"限时促销"的标签之后，就吸引了大量顾客抢购。这就是因为他们觉得买到这些比平时便宜的鸡蛋就是占了便宜。而"限时"又进一步放大了他们贪小便宜的心理。有些商品虽然折扣诱人，但依然有客户不为所动。这主要是因为对于他们而言，这并不是眼下急需购买的产品，所以才会犹豫不决。这就需要销售人员限定促销时间，让他们感受到紧迫感，从而大大刺激客户的消费欲望。

2.理性面对，拒绝客户过分要求

有时候，即使销售人员给足了优惠，依然没有办法满足贪小便宜型客户的需求。他们会因为轻易地获得了优惠，而进一步提出过分要求。

面对这种情况，销售人员必须立即制止，彻底打消他们这种不切实际的想法。但需要注意的是，情绪和态度自然、严谨，尽量表明自己没有实权，无法过度满足，而不是态度强硬地拒绝。此外，作为补偿，我们也可以为其提供一些小赠品或是再次消费的折扣卡，让他们得到满足和尊重，在一定程度上消解掉他们过度要求的心理，并且将他们引导为产品的回头客。

意见领袖型客户：你要比他更有见地

很多销售人员发现，有些客户在任何方面都会表现得十分有见地。无论销售人员做何解释，他们都会表现出强烈的好胜心，不轻易认同他人的观点，总是以领导者的姿态，固执地坚持自身想法。这种客户就属于意见领袖型客户。

面对这种客户，经常让销售人员感到无奈，因为过度争论只会引起客户的反感，但任由客户发表意见，又会让销售工作无法进行。

如何让意见领袖型客户在不失颜面的情况下顺利购买呢？一般而言，意见领袖型客户都有着极强的自尊心。他们认为自己见多识广，最了解自身的需求点，所以就会产生希望什么事都按照自己的期望发展的想法。当他们面对销售人员提出的不同意见时，会表现出反感。例如，"不按我的意见办，那就不要再谈了""我说的建议，你们一定要实行"等。这些强势性的话语都会将销售人员推向比较尴尬的境地。

小邓是某汽车行业的销售人员。在一次推销中，她发现一位顾客意见很多，并且十分固执，虽对汽车方面的知识只是略懂一二，却对销售人员给出的意见不屑一顾。

小邓看出了客户的心理，便上前小心安抚："先生，看来您对汽车方面很了解，但我个人觉得买车毕竟是一件大事，需要慎重考虑，您可以适当地考虑我们销售人员的意见。"

"不需要，你们的推销都是希望我多掏钱。"客户仍旧不为所动。

小邓坚持在一旁介绍，引来了客户的不满："小姐，你的态度是不对的，我去别的公司咨询，人家销售人员都各种讨好，特别谦卑。"

小邓说："先生，我没有对您做任何无理的事，只是在给您推荐产品，您想购买的是产品，又不是同情。我们的产品一定是以质量说话的。"客户听完态度有了明显转变。随后，小邓从驾驶体验、使用场景等角度给了客户更有见地的意见，最终获得了客户的认可和信任，签下了订单。

几乎每个销售人员都会很明显感受到意见领袖型客户强大的自尊心，很清楚如果强行与其争论会让客户感觉丢了面子，只会使交易终止，没有再挽回的余地。但如果你过分卑躬屈膝，又会让他们觉得你不可信，更难成交。所以，销售人员一方面尽可能避免与意见领袖型客户产生冲突，给足他们面子；另一方面又要以一种不卑不亢的态度，本着"为客户着想"的原则，提供更加专业的建议。销售人员需要明白一点，意见领袖型客户虽然爱发表见地，但他们重视讲理，不会故意刁难。有时候即便客户表现出盛气凌人的态度，归根结底还是在说理。

所以，销售人员只要采取据理力争的策略，把道理说清楚讲明白，提出比客户更有见地的想法，客户自然会信服于你，接受你的建议。反之，如果销售人员给不了客户有见地的想法，只会软磨硬泡，就会使客户对你失去信任，丧失对产品的购买欲望。

总而言之，想要成功销售的第一步就是要掌握客户的心理，了解意见领袖型客户真实的需求点。在满足其自尊心的前提下，做到循序渐进，环环相扣，给予他更有见地的建议，用专业水平和友好的态度使之信服。

第八章

▶▶

读人心理学：他点头就代表他同意吗

　　通过细致分析、精确定位，最终实现成交才是销售的最高境界。在销售中，无论哪种交流方式，都会让我们直接接触到客户的声音、语气、语调、表情、行为等。这些信息实际上大有文章，客户的一举一动都暗藏"玄机"。所以，在销售过程中我们要读懂客户每一个行为反应，根据客户的行为反应做出正确的应对。

微表情、微动作比语言更诚实

销售人员时常会碰到这样的难题，客户因为语言表达能力有限或是碍于面子等原因，让销售人员无法真正了解到他们的想法。在这种客户信息匮乏的状态下，销售人员只能采取什么商品热销就给客户推荐什么商品的方式，最终导致销售人员把产品夸得天花乱坠却没能换来客户的认同，甚至还可能导致客户认定销售人员不负责，没有真正了解客户的喜好就胡乱推销。

小郑是某服装店的销售人员。某天一位女士前来购买服装，小郑十分热情地询问："小姐，请问有什么需要帮助吗？我可以给您推荐。"女士打量了一下小郑，面带笑容地点点头，但眼神中却透露出一丝迟疑。这些动作和表情小郑都没察觉到，反而觉得这位女士应该很好说话，更加积极地把店里热销的服装推荐给客户，客户也连连点头，只是时不时地盯着其他衣服看。

小郑仍然引导客户顺着热销款服装浏览，并且觉得这次的销售一定会成功，可到了最终选择的时候，客户却说："这几款衣服是挺好看的，但是你没有发现好像都不太适合我。谢谢你的推荐，我还是到其他店再看看吧。"

这时候，小郑才察觉到客户对自己推销的服装并没有购买欲。一开始客户只是表面应和着，随同她一起看服装，但这期间客户一直心不在焉。如果早一点发现这一问题，找出客户的有效需求，可能实现成交的概率就会大很多。

类似小郑这样失败的推销在销售过程中十分常见。很多客户会在言语中表示满意和认同，却并不存在真心购买的意向。大多数时候，我们认为只有语言才能表达出情绪和态度。事实上，在销售过程中，客户所展现的微表情和微动作往往比语言更加诚实。客户在交谈中一个微小的表情和动作都会传递出某些重要的信息。掌握客户的这些信息，就等于在一定程度上了解了客户对产品或服务真实的态度和看法。

那么，如何从客户的微表情、微动作中找寻信息，读懂他们的心理呢？

1. 细节透露喜好

想把控住客户的喜好，最重要的就是学会从细节处出发。微表情、微动作所表现的重点就是"微"。这些透露出客户喜好的表情和动作在不经意间发生，十分短暂，可能只是眼神的闪烁、眉毛的挑动或者手上的小动作等。这些微小的动作其实就是考验销售人员的观察能力和细心程度，看销售人员能否把握住客户表情和肢体上细微的变化。对于销售人员而言，只要善于观察、收集这些信息，那么即便客户不开口说话，销售人员也能快速地获取客户真实的需求点。

2. 结合情景，合理应对

作为销售人员，除了细心观察客户的微表情、微动作之外，还要善于结合情景，来分辨出客户表情和动作背后所表达的含义。比如我们常说一个人舔嘴唇是有压力的表现，但在销售过程中，客户如果出现舔嘴唇的动作，销售人员不能一概而论地认定客户此刻压力很大，也可能当时的天气炎热，客户只是口渴而已。再比如，通常我们会认为一个人用手指挠头皮，表示在思考什么事情，但也可能是客户在质疑或者表示不认同。

在不同场景之中，丰富的动作背后所蕴含的信息可能会发现微妙的变化，代表不同的含义。销售人员不仅需要善于观察和发现问题，而且需要结合具体场景，客观、全面地看待问题。

总而言之，做好销售除了倾听客户给予的语言信息之外，销售人员更加需要细心观察客户的微表情、微动作并做到总结归纳，合理应对。往往是细微的表情和动作更能表现出客户的喜好和需求，销售人员只有掌握这些，才算真正读懂了客户的心理。

读懂客户眼神里的心里话

眼睛是人情绪表达无法遮掩的焦点。在与人交谈中，只要认真观察别人的眼睛就能很轻易地了解到对方的心理变化。即使是一瞬即逝的眼神，也可以散发出许多信息，表达自身丰富的情感和意向。

在销售过程中，一位合格的销售人员，必须做到善于观察客户的眼神，并且能够学会在眼神中分析信息，以便于让自己快速准确地读懂客户的心里话，从而有效地推动销售进程。

小王是某酒厂的销售人员，因为刚刚参加工作，公司就安排了一位经验丰富的老员工带着他一起做业务。这天，他们一起上门推销，客户打开门一看是两个陌生人，十分警惕。小王刚准备介绍产品，就被经验丰富的老员工拦住了。这时老员工主动说明情况，并且递上名片，客户这才同意让他们进门。

之后小王简单地介绍了产品。客户在聆听的过程中一直半信半疑地看着他们，十分冷淡。这时身边的老员工温和地告诉客户："请您相信我们的产品质量，在这个小区已经有很多客户购买了我们的产品。毕竟快要过节了，市场上对酒的需求量也很大，我们公司近期在做活动十分优惠，这不，您楼下的张太太就买了两箱。"

一番话说完，客户的神情缓和了许多。但长时间的推销，让客户的眼神有些停顿。老员工立马捕捉到了这一信息，立即带着小王离开，表示下次再来拜访。这让小王很不理解："明明客户的态度已经缓和并对我们产生了兴趣，为什么这个时候要离开？"老员工告诉他："客户的眼神说明他已经疲愈了。如果过度消耗他的精力，只会让他厌烦我们的推销，现在离开是最好的时机。以他对我们的信任，下次的拜访一定会成功。"

果然，再次拜访之后，客户已经向楼下张太太做了一定的咨询了解，十分爽快地签下了订单。

在销售过程中，像小王这样的销售人员十分常见。他们不懂得从客户的眼神中获取信息，只是一味地推销产品，在失败之后也不明白问题所在，反而归结在客户没有购买欲望上。

类似老员工这样的销售人员就善于观察总结。他们能把控住客户每个不经意的眼神，并随机应变，化解客户的各种情绪，从而获得客户的好感和信任。

在销售过程中，想要把控客户的眼神也并非易事，做到分析处理更是困难。只要掌握重点，就可以将客户的眼神进行分类处理，总结为以下几种类型：

1. 乏味型

当销售人员与客户交流时发现，客户把目光多半投到别处，并且表示出漫不经心的样子。这就说明客户对你所说的话不感兴趣，只是出于礼貌并没有打断你，所以采用了敷衍搪塞的方法。

这时销售人员最好的做法就是停下来，不要再一味地推销，而是尽可能采用提问的方式来重新唤醒客户的注意力。

2. 怀疑型

这类眼神也很常见。在销售开始的时候，大部分客户都会流露出这样的神情。他们的眼神会充满迟疑、警惕，瞳孔缩小。销售人员一旦遇到这样的眼神，千万不能一味地推销，首先要提供足够有说服力的信息，然后再展现自身的专业和真诚，让客户产生信任感，慢慢放下警惕心。

3. 好奇型

如果客户聊到某产品时，客户突然目光锁定，瞳孔变大。这就说明客户对这个产品有着浓厚的兴趣。此时销售人员可以把握住客户的好奇心，进行正确引导，促使客户产生强烈的购买欲望，从而大大刺激消费。

　　眼神可以传递出许多客户内心深处的信息，而如何有效捕捉和分析信息，如何把握细小的信息并加以运用，这些都是了解客户心理的重要前提。

眉毛的动作也在传递信息

古人将眉毛称为"七情之虹"，因为它可以表现出许多不同的情态。然而，人们常常会忽略眉毛所传递出的信息。事实上，"眉语"能充分展现出人的喜怒哀乐。例如，扬眉表示愉悦，蹙眉表现忧愁，横眉表示愤怒……这些细微的眉毛动作都在传递着一个人的情绪和心理。客户在交谈中所透露出的情绪也会不自觉地通过眉语展现，这种因情绪变化而产生的动作是没有办法自主控制的，所以往往也是最自然、最真实的。

小赵是某电器行业的销售员。一天，店里来了一位咨询电器的客户，她在商品前转了又转，徘徊了很久。小赵发现她眉头紧锁，显然是她在商品的挑选上出现了问题，于是快速上前安抚客户："小姐，我看您挑选了那么久也拿不定主意，应该也累了。不如到旁边的沙发上坐一会儿，我给您倒杯水，毕竟想找到价格合适又喜欢的产品是很不容易的。"

休息一会儿后，客户的眉头舒展了许多。小赵见状就开始询问客户有什么具体的需求。客户对小赵的接待方式十分满意，主动透露出已经有喜欢的款式，只是因为价格问题让她烦恼不已。

于是小赵按照客户的需求，推荐了一款类型相同价格却优惠了很多的产品。客户一看，立刻眉毛上扬表示满意，但很快又锁紧眉头，担心这么低的价格是不是在性能上有些不足。小赵赶紧给了合理的解释，这让客户十分满意，再次舒展了眉头，愉快地买下了小赵推荐的产品。

　　小赵就是通过客户眉毛的细微动作判断出了客户当时的情绪变化，再根据情绪变化进行合理推销，最终顺利完成了销售。这就是读懂了客户眉语的优势，不仅可以少费口舌，在有限的时间内探测到客户心理活动，同时还可以通过适宜的应对方法帮助客户解决问题，赢得客户的信任和好感。

　　不同的眉部动作，表达的情绪会有所不同。在销售中，常见的眉毛动作分为以下几种：

1. 锁眉

　　这个最为常见，人在思考或是烦躁时通常都会不自觉地皱紧眉头。所以，在发现客户有短暂的锁眉动作时，说明他正在思考。

　　这时销售人员可以选择提问，让客户说出他担忧的问题。如果发现客户是长时间的锁眉，最好停止推销。因为客户的眉语是在告诉你，他们已经产生了强烈的抗拒心，对产品并不感兴趣，也不想继续听销售人员唠叨下去。

2. 扬眉

　　当销售人员给客户介绍感兴趣的产品时，他们会双眉扬起，这是一种对产品表示满意的眉部动作。

　　这时销售人员可以抓住客户的兴趣点，着重介绍，客户也会通过扬眉的动作给予销售人员反馈，表达自己的满意度。

3. 挑眉

　　眉毛上扬，又快速降下，这种眉部动作是惊喜的表现。在交谈中会发现，销售人员讨论到产品某项性能时，客户会有轻微的挑眉动作，说明他对这个方面表示感兴趣。

　　这时销售人员可以通过传达产品的好处，给客户眼前一亮的感觉，让客户保持这个惊喜点；然后在此基础上，不断加强推销的说服力。反之，如果将挑眉的动作维持了很久，那就是对产品产生了疑惑，这时候销售人员应该针对客户的疑虑进行详细的解释和说明，有效化解疑惑。

　　总之，眉毛的细微动作可传递的信息是丰富多彩的。销售人员只有善于观察客户的眉语做到精准判断，才能了解客户的情绪变化，识别客户内心需求，进而提升销售水平和效率。

手部的小动作不可忽视

手可以说是人的第二张脸。我们不仅可以从手部特征分辨出一个人的年龄、性别、生活习惯等，还可以通过手部的动作来观察这个人的内心活动，揣测出他的性格和情绪。

早在语言产生之前，人们就采用肢体语言来表达情绪，其中手部动作是肢体语言重要的组成部分，在表达层面上具有不可替代的作用。例如哑语是借助手势进行沟通，舞蹈可以借助手部动作来传达语言和审美艺术。

在销售过程中，销售人员也可以通过观察客户手部的细微动作把握客户心理动态，从而做到随机应变，妥善处理。

小徐是某保险公司的销售人员，在一次销售中，他为客户热情地推荐了一款产品，可客户却一直将双手抱于胸前，表现出一种极强的戒备心理。

小徐想，如果这个时候继续交流下去，客户很可能依旧不为所动。于是小徐慢慢地将话题引到客户的身上，关心客户的想法，并细心询问客户的疑问，不仅拉近了彼此之间的距离，同时也从客户的疑问中寻找到客户的需求点。

渐渐地，客户把手放了下来。小徐继续加强推销力度，客户主动拿起一件产品，并下意识地摸了一下鼻子说："产品确实不错，不过我今天没时间签单。这样吧，等我明天有时间了再过来详细了解。"

小徐意识到这只是客户的借口，于是立刻说："不好意思，今天耽误了您不少时间，我想知道您是对价格方面还有顾虑，还是我在产品介绍上遗漏了什么？"客户发现小徐看出了自己的心理，就索性表示在价格方面确实不太满意。小徐听后，又对客户所能接受的价格范围做了进一步了解，并给出了一定的优惠，最终完成了销售。

事实证明，手部动作有时比语言表达得更真实、明确。很多时候，客户所说的话并不能完全代表他们的想法，其中不可避免会有谎言和夸大的成分。手部的细微动作则是一种本能反应，真实反映出客户的内心活动。对于销售人员来说，手部的细微动作就像是一面镜子，可以让销售人员清晰地看到客户的内心，从而做出精准的判断。

在日常销售中，我们可以通过以下几点来分析客户手势：

1. 防御式

防御式手势是指对方双手交叉抱于胸前。这是一种不信任和自我保护的状态，经常出现在刚开始介绍产品的情境中。因为客户对销售人员不是很熟悉，自然会出现防御的心理。

此时销售人员应该采取的做法是：通过亲切的沟通和询问来建立联系，取得客户的信任，让客户放下戒备心，进入到一个自然放松的沟通状态。

2. 主导式

有些客户会表现得很傲慢，在交谈过程中，他们会通过手上的动作来表达自身的优越感。比如，他们将手背在身后或者叉腰。一般这种情况都表明，客户在这一话题上想占据主导权，以此展示他们的权威和自信，或者是希望获得更大的利益，有一种震慑他人的效果。

当销售人员面对这样的情况，最好的做法是：先放低姿态，给予客户自己的空间，尊重他的想法；然后慢慢引导，借助专业的产品介绍和有说服力的推销内容，在无形中占据销售的主导权。

3. 谎言式

客户在说谎时会不自觉地用手摸自己的鼻子。

这种情况下，销售人员需要注意的是：即便是客户口头上表示满意，销售人员也要注意客户话语的真实度，通过观察客户的手部动作有效探测到客户的心理变化。反之，如果一味地相信客户的言语，只会让客户在签单的关键时刻搪塞敷衍。

4.思考式

在交谈中，如果客户出现托腮、抚摸下巴的动作，说明客户在思考。比如，思考产品的性能、用途以及给自身带来的好处。

这时候，销售人员一定要把握机会，详细介绍，对于客户可能会产生的疑问和顾虑进行一一消除，对于产品的优势和好处，尽可能淋漓尽致地展现在客户面前，减少客户的疑虑。

为了避免在小细节上出错，销售人员必须学会通过客户的手部动作来读懂客户心理，如果能通过细枝末节的信息来探寻客户的需要，推荐给他们所需要的产品，那么买卖就顺理成章地完成了。

嘴上的动作，无声胜有声

嘴巴作为语言表达的重要器官，当不说话的时候其实也在不断地传递信息。销售人员千万不要小看嘴部的小动作，客户在说话间隙不经意做出的小动作，是直接表现客户当下情绪的"晴雨表"，对于信息的传达，更是无声胜有声。

余杭是某房产中心的销售人员。一位顾客前来咨询，余杭急忙上去推荐。在询问价格后，客户没有说什么，但余杭发现客户有了噘嘴的小动作，表明客户此时对价格十分不满。

于是余杭立刻针对价格因素，向客户解释房价贵的原因："先生，我们这套房在价格方面确实有点贵，但是这个地段的升值空间是很大的。"客户听后，轻轻抿了一下嘴唇后，嘴角微微上扬。

余杭看见这一情景，心中窃喜，从唇部的动作来看，客户已经产生了兴趣。紧接着，余杭提议带客户去看房，客户也欣然同意了。看完房客户表示更加满意，并当场付了订金。

嘴巴和其他器官一样，在受到情绪影响时会下意识地做出反应。案例中的销售人员就是掌握了客户的嘴上动作所传递出的心理，了解了客户当下的情绪变化，并做出合理判断和处理，成功化解了客户的疑虑，并且随之提升了客户对产品的满意度，最终双方达成了共识。

在销售过程中，如果销售人员能够深入了解客户的嘴部动作，就可以有效探知客户心理，进而顺利把握客户的心理需求。

通常情况下，客户的嘴部动作主要有以下几种：

1. 咬嘴唇

咬嘴唇是一种内心承受压力的表现。在销售过程中，销售人员如果发现客户正在咬嘴唇，表明客户此刻处于一个十分焦虑的状态。

此刻销售人员最好的做法就是：先去安抚客户的情绪，缓解客户焦虑的心态，然后继续寻找有效的方法，解决客户所顾虑的问题。

2. 抿嘴唇

当一个人心情紧张的时候，就会出现脸部肌肉紧绷而僵硬的状态，会不自觉地抿嘴唇。

销售人员面对客户这种状态，一定要给足客户空间，不要喋喋不休地推销产品，而是要让客户尽可能地放松。但同时，抿嘴唇又在一定程度上表明客户的注意力十分集中，在认真地听销售人员的介绍。所以，销售人员在适当停顿的情境下，也需要把握住机会，促使客户签单。

3. 撇嘴

当客户做出下唇向前伸、嘴角下垂的动作，是一种有负面情绪的直接表达，说明客户此时处于不开心的状态。

销售人员需要警惕这样的现象，可能在销售过程中哪些言行举止没有注意到或是客户对正在推销的产品不满意，这些都需要销售人员进行仔细分辨。只有找出让客户感到不开心的原因，才能完成后续的销售工作。

4. 嘴角上扬

这个动作就十分常见，人处于开心、兴奋的状态时，会不由自主地出现嘴角上扬的表情。

这一点十分好拿捏，说明客户此刻对于产品和销售人员的服务都感到十分满意，有很强的购买欲望。此刻，销售人员只需要按部就班地完成接下去的工作，将客户的购买欲望和满意度推到一个顶点，就可以顺利完成销售。

总而言之，嘴上的小动作蕴含着丰富的情感表达，时时刻刻都在传递着客户的内心活动。销售人员如果能够充分抓住这一点，通过客户嘴角细微的动作来读懂客户的心理，采取随机应变的措施，有效解决客户存在的心理问题，就能够快速满足客户的内在需求，促进彼此的成交。

语音、语调突然变化要注意

俗话说："听话听音，浇树浇根。"想把握住重点就要从语音、语调的变化上入手。通常我们判断一个人语言中所表达的含义，主要从语调的抑扬顿挫上来分析。

在销售过程中，客户可能不会直接在言语上表达内心的真实想法，但会下意识地变化语调。销售人员在具体语境中，掌控和了解客户每一个语调的变化，有利于了解客户内心的真实想法，进而有针对性地推销。

小晴是某化妆品牌的销售人员。一天，一位打扮高贵的女士来到了店里，小晴热情地上去接待："小姐，请问有什么可以帮助您的？"客户看了看小晴，用尖锐的语调说："不用，我自己看。"小晴听出了客户语调中的不信任，耐心地说："小姐，我想您可能觉得我会故意推荐价格偏高又不适合您的产品。这点您完全可以放心，我一定会根据您的需求进行推荐。"客户听到小晴这么说，语调明显缓和了许多："好吧，那你推荐几款给我看看。"小晴立即拿出几款性价比较高的商品试用装，先给客户体验一下。在客户体验的过程中，小晴仔细观察客户的反应，并顺势进行重点推荐。在询问其中一款产品时客户的语调放得很慢，说明客户对这款产品很感兴趣，并且正在思考。小晴赶紧给客户详细介绍这款产品的优势并且表示给予优惠。慢慢地，客户语调变得温和起来："想不到，你这个小姑娘还挺会说话的。那听你的，就拿你推荐的这款产品吧。"

小晴十分机智地把握了客户语调上的细微变化，巧妙地予以应对。在销售过程中，小晴懂得先安抚客户的情绪，试探客户的喜好，然后趁着客户语调缓和的时候乘胜追击，最后完成订单。

在具体销售过程中，销售人员可以从以下几种语调类型来分析客户心理状态的变化。

1. 洪亮直接型

这种类型语调的变化主要表现在声调上扬，语言简短有力。采取这种语调说话，表明客户此时十分干脆果断，不想听销售人员一直絮絮叨叨，同时他们有着强大的自我意识，不会轻易转换想法。

这时销售人员的做法应该是：以直截了当的方式给客户推荐最为恰当的产品，不要拖拖拉拉，让客户产生厌倦感。同时，还需要多倾听客户的想法，给予足够的空间和尊重，以便于处理后续的工作。

2. 低声羞涩型

在沟通过程中，客户如果语调突然变得低沉、音调减弱，说明客户有什么难言之隐，可能在产品的价格或性能方面有些顾虑，却碍于面子不好意思直接表达。

这时销售人员的做法应该是：用婉转的语言了解客户的顾虑，切记不要太过直接，以免让客户感到尴尬，尽可能地替客户消除顾虑。

3. 尖声刻薄型

客户如果用刻薄的语调说话，可能是对销售人员没有信任感，有排斥的情绪。

如果是在销售刚刚开始就遇到这种情况，销售人员需要拿出专业的技术能力，让客户先信服，然后客户才会认真倾听销售意见，进而推动整个销售的顺利进行。如果在销售中途，客户突然用尖声刻薄的语句回答，那一定是销售人员在某个方面惹怒了客户，引起了他的不满。这时，销售人员一定要询问原因及时道歉，并且注意自己的态度和语言表达。

4. 平稳和气型

平稳和气型客户的特点是：语调十分平稳，说话速度较慢。这就表明客户对产品和销售人员有一定的好感，并且有极强的购买欲望。

这时销售人员的做法应该是：主动出击，针对客户的兴趣点进行系统介绍，加深客户的好感度以及购买欲望。

总而言之，客户在销售过程中的情绪波动会通过语调真实地反映出来。只要销售人员能够细心观察，听出语调中蕴含的信息，就可以逐渐掌控客户的心理，了解客户内心真实的想法。最终，在面对客户产生的疑虑和问题时，也能够做到应对自如。

打扮喜好泄露心理秘密

打扮喜好是一个人心理活动的外在表现。穿衣风格往往会展现出人的性格和兴趣方向。在销售过程中，销售人员通过观察客户的打扮喜好来判断客户的性格特征，有助于一开始就拿捏客户的喜好，给客户推荐类型相投的产品。同时，根据分析研究客户的打扮，也能够估算客户的消费程度，避免给客户推荐产品时出现价格过高或者过低的尴尬场景。

夏方是某汽车品牌的销售人员。有一次，他遇到了一位穿着朴素保守的年轻男子前来购车。客户在每个车型前都犹豫了很久，夏方上前介绍："先生，这款车型是我们的最新款，您可以详细了解一下。"客户没有任何表示。夏方又领着客户在新车型前介绍了很久，客户才表示："事实上，我想全款买一辆车。这款车型的价格过高，我负担不起。"

夏方立即表示："先生，这个您不用担心，您可以选择贷款买车的方式，交一点首付就可以提车了。"客户并没有接受夏方的建议："不好意思，我并没有贷款买车的打算。我还是下次再来吧。"夏方不明白客户为何如此反感支付车贷，连忙上去询问，但客户并不愿多说，转身离开了。

案例中夏方之所以没有完成签单任务是因为对客户的需求把握不准确。事实上，客户在打扮上已经暴露了个人性格和喜好。首先，客户穿着朴素保守，就表明客户属于节俭型，不会在车辆的选择上挑选过于昂贵的车型。其次，打扮保守从心理层面说明，客户不愿意尝试新鲜事物，不会透支消费。夏方没有通过客户的打扮看出客户的需求点，这是导致签单失败的直接原因。

那么，在销售过程中我们应该从哪些方面来分析客户的打扮喜好呢？

1. 着装展现消费能力

顾客的消费能力将直接影响他对产品的购买欲望。可以说，除了产品本身的性能之外，客户首要考虑的就是价格。如果给客户介绍了价格超出其消费能力的产品，那么即便客户表示很喜爱，还是会因为消费能力问题，最终不了了之。或者是销售人员推荐了价格较低的产品，客户会没有耐心倾听，同时对产品也会丧失一定的购买欲望。

所以销售人员一定要在客户的衣着装扮上仔细观察，准确判断出客户的消费层次和购买能力，切记不要胡乱推销，而是尽可能地给予合理化的建议。需要注意的是，在通过穿着打扮推测客户的消费能力时，要全力避免出现"以貌取人"的情况。切忌不能因为对方穿着简陋、朴素，可能没有消费高档产品的能力就怠慢他们。这是一个优秀销售人员必备的职业素养。

2. 搭配展现消费风格

服装的搭配往往与人的性格喜好密切相关。在销售过程中，销售人员需要注意客户的搭配风格。如果客户的搭配较为普通保守，那就不要给客户推荐太过新颖的产品，也不要让客户感受超前消费的体验，而是最好给客户提供最踏实的体验，让他在购买产品时有一种安全感和信任感，这样的氛围才有助于销售人员顺利地完成签单。相反，如果客户打扮得十分新潮，这就需要销售人员给予有针对性的引导。比如，推荐当下较为新潮的产品，或者推荐个性化定制的产品等。

很多人把读人、读心的技巧说得高深莫测，其实只要抓住规律善于观察，一切都可以轻松解决。从客户的打扮喜好上仔细分析，就可以很轻易地了解到客户的很多信息，如性格、消费能力、内在喜好等。销售人员只有洞察客户内心，才能有效攻心，进而实现成交。

第九章

▶▶

语言沟通心理学：客户说的与想的一样吗

心理学上的外在表现不仅仅是指各种表情及外在行为，还包括语言沟通上的具体表现。有时候，客户可能言行不一、言不由衷，如何听出客户的言外之意？如何找出客户内心真正的声音？这就需要我们掌握语言沟通心理学，认真倾听客户讲述，准确把握客户的表层意识。同时结合具体语境，揣摩客户的意图，领悟客户的深层意识，从而培养自身"透过现象看本质"的能力。

听出对方的言外之意

语言的魅力是巨大的，同样一句话可以有很多种表达方式。比如，在销售过程中，客户说："你们家的产品没有×××的质量好。"客户真正的意思可能是："这样的质量，价格上应该多给点优惠。"客户说"产品还不错，我考虑考虑吧"的时候并不是客户真的需要考虑的时间，他真正想说的是：我对这款产品并没有兴趣……

这些客户的言外之意，销售人员必须要准确把握，听出那些被掩盖的真实想法，才能确保销售人员掌握客户的需求点，合理应对。

某服装店里来了一位顾客，销售人员立刻上前推销："先生您好，这是刚上的新款，您看有没有喜欢的？"客户转了一圈，挑中了一件黑色的外套，试穿了很久，看上去十分满意。

在询问价格后，客户露出了犹豫的神色。销售人员小心地询问："先生，因为是新款，所以价格会略高一些。不知道您能不能接受？"

客户停顿了一会儿："价格嘛先放一边，首先这颜色我不太满意，黑色的衣服太多了。"

销售人员见客户对价格没有特别多的要求，也松了一口气，连忙拿出了其他颜色的同款衣服，问道："先生，这里还有其他的颜色，您要试一试吗？"

客户试了很多种颜色，却都表示不满意，并且时不时地发出叹息声。

这时，销售人员仍然没有察觉出客户真正在意的问题不是衣服颜色，反而继续问道："先生您具体是想要哪种颜色的呢？我再帮您找找。"

客户摆摆手："没有我想要的颜色，我还是去别家看看吧。"说完转身就走了。

案例中的销售人员并没有听出客户的言外之意——客户表面上是对颜色不满意，实际上是价格超出了预期。而销售人员如此直白的询问方式，只会让客户感到尴尬更难开口，只能以颜色不满意为由离开。如果销售人员可以在客户的言语中听出对价格的顾虑，顺势给客户一点优惠，那么衣服很可能就已经卖出去了。

在实际销售过程中，销售人员该如何听出客户的言外之意呢？

1.注意语气的变化

客户在选购产品时，往往会在一开始表现得十分兴奋和喜爱，可在销售进行的过程中，会突然表现出一些不满。这就是客户情绪的转折点。面对这种情况，销售人员就需要把握客户的语气变化。

比如，客户在询问价格方面，语气突然加快或是变慢。即使客户没有明确表明对价格方面有要求，销售人员还是需要注意这方面的细节，因为客户已经通过语气的变换表明了自己的言外之意。

这时，销售人员需要做的就是找出客户出现语气变化的原因，找出客户没有被满足的需求点，给予客户一定的让步和优惠，让客户感受到好处。

2.注意词语的使用

通常情况下，销售人员很难揣摩出客户的所有意图，只要掌握了几个关键词，就可以大致了解客户的真实想法。例如，当客户说出"其实""只是"等词语，我们就需要将分析核心放在"其实""只是"后面内容的分析上面，因为客户的大部分意图只停留在这种转折性语言层面上。

举几个例子：

（1）"价格方面还可以，其实我是觉得质量有点差。"

销售人员此时千万不要妄想给客户介绍质量更好、价格更贵的产品，客户的后缀只是为了补充前一句的想法，本意是觉得"质量不太好，价格是不是可以便宜一点"。

（2）"产品各方面我都很满意，只是今天没计划，我想再考虑考虑。"

这句话的意图就在于后半句。客户的本意是"这个产品我完全不感兴趣"。那么，销售人员需要反省，是不是自身对产品的性能没有介绍完整，或者是所推荐的产品不符合客户的"口味"。只有找出这些可能存在的问题或原因，及时采取措施，才能够有效应对。

总而言之，想要完全听出客户的言外之意，需要销售人员集中精力，仔细观察和倾听客户的话语，注意客户在言语上的微妙变化和情绪起伏。同时，在客户表达的关键字词上，更要提高警惕，学会灵活运用语言的力量，探知客户言外之意。只有这样，才能寻找到客户对产品或服务上的顾虑，并且实施有效措施，促进销售成交。

认真倾听，准确把握表层想法

通常情况下，很多人认为销售是凭借口吐莲花的本领来取胜。实际上，相对于表达，认真倾听更有利于销售人员进行营销。在认真倾听的前提下，能有效地从客户的语言中获取重要信息，从而促进销售。

但有时候客户表达的需求点过多，信息量巨大，让销售人员无法快速准确地给予反馈，使得客户失去耐心，转身离开。面对这种情况，就需要销售人员在认真倾听的同时，提炼精华，准确地把握客户的表层想法。

有位先生想买一台相机，销售人员耐心地为其介绍每款相机的性能，并拿出了几款进行重点推荐。客户都感兴趣，同时又在挑剔："这款太笨重了，我旅行携带不方便。""这款颜色不太好，我旅行搭配不好看。""这个倒适合带出门，就是价格太贵。"……

客户说完这些，销售人员连忙按照客户提到的颜色、价格方面给客户推荐，但每个款式客户都不太满意。最终，销售人员忙得焦头烂额，也没有找到客户满意的款式。

案例中的销售人员，之所以没有顺利完成交易，主要原因是没有准确把握客户的表层想法。案例中的客户虽然在款式、颜色和价格上都有挑剔，但客户表层想法的重点在于：我是一个旅行爱好者。所以，销售人员需要重点把握——旅行便携，针对这一点选择合适的产品进行推荐，才有可能成功销售。

在日常销售过程中，该如何准确把握客户的表层想法呢？

1. 认真倾听，收集信息

一般情况下，我们常见的销售方式就是，销售人员在一旁夸夸其谈，客户丝毫没有在意销售人员的推荐，而是漫不经心地浏览一下商品之后匆忙离开。这种单向沟通的销售模式，成效并不明显。销售人员会觉得完全抓不住客户的需求点，同样客户也会认为销售人员的推销根本起不到任何实质性作用。

事实上，销售人员自身拥有口若悬河的本领只是做好销售的一部分。想要更好地推销产品，客户是否能够滔滔不绝地表达想法，也占据着重要作用。

只有当客户与销售人员形成一个双向沟通的循环，才会大大提升销售的成功率。销售人员不仅可以借助沟通与对方建立信任感和联系，而且能够获取大量的客户信息，如性格、喜好、购买力等。这些都有利于销售人员进行有效推销。

2. 总结归纳，把握重点

想要真正了解客户语言中的表层想法并不困难。只要善于总结归纳，抓住语言中的重点，就可以精准把握。具体有以下两个小技巧：

（1）注意客户重复性语言。客户在购买产品时，可能会对颜色、性能、价格等方面表达观点。销售人员不必面面俱到地给予推荐，而是抓住客户不断重复的词语、句子。例如，客户在购买衣服时常说："这款颜色不喜欢，价格还贵。""面料的做工有点差，不值这个价钱，拿别的给我看看。"客户说这些话语的时候总会重复价格的问题。那么销售人员这时候就需要针对价格因素，采取价格优惠或者是赠品相送等方法进行有效应对。

（2）巧妙提问，找寻重点。虽然客户已经与销售人员建立了沟通模式，但由于各种原因，客户会出现对重点避而不谈的现象。这时，销售人员就需要借助巧妙的提问，来找寻客户对于产品或者服务的看法。比如，"想知道您对产品的哪个方面不满意""为什么这几款产品您不喜欢"等，这些语句有助于销售人员获得有价值的信息，找出客户的疑问和想法，以便于采取有针对性的应对措施来解决。

在销售过程中，销售人员应该将表达权充分转移到客户身上，认真倾听，准确掌握客户的表层想法，并对此进行合理分析，灵活应对，从而提高销售的成功率。

结合内外语境，领悟"潜台词"

在销售过程中，面对销售人员的再三询问，很多客户并不会直截了当地表达出自己的喜好和不满，或者是有些客户自身都没办法意识到自己的需求点，这些都会导致客户很难给出答案。

在这种情况下，就需要销售人员细心揣摩客户的回答，结合当下的语境，领悟客户每句话中的"潜台词"。

小林是某高档家居品牌的销售人员，在销售过程中，客户徘徊了很久也没拿定主意。小林给客户介绍了一圈，并告诉客户很多产品都在打折，但客户仍旧淡淡地说："我知道了，只是没看到合适的。"这时候，小林又拿出店里热销的一款产品推荐给客户："女士，您可以看看这一款，目前卖得比较火。我认为很符合您的气质。"客户拿起来看了看，也没有任何表示。随后小林提议让客户亲自使用体验一下，没想到却遭到客户的拒绝："不用了，我今天还有点事，下次有机会再来试吧。"小林见状只能送客户离开，没有多说什么。

案例中小林的推销失败主要是因为她没能分辨出客户的"潜台词"，误认为客户是真的没看中产品或者客户真的有事情要忙。事实上，客户只是对她所推荐的产品并不感兴趣而已。客户对卖得比较火的那款产品不感兴趣，可能是因为客户已经中意其他商品或者是没有看到符合需求的商品。这时候，销售人员可以采用试探或者是询问的方式，来判断对方的需求点究竟在何处，合理推荐客户想要的商品。

在日常销售活动中，销售人员应该用心领悟客户所表达的"潜台词"。比如，在推销当中经常有客户说"太贵了""我很忙""我和××商量一下"等。面对这些回答时，有些销售人员会放弃销售，认为客户真的是在忙或者嫌贵。这些错误的判断都会使销售人员白白损失很多客户。

那么，销售人员该如何区分客户是"没兴趣"还是真的"赶时间"呢？下面我们结合语境，具体分析：

1. 当客户说"我很忙，没有时间"

在销售过程中，销售人员会碰到客户突然说："我很忙，没有时间。"这时销售人员不要轻易放弃客户，而是要结合语境进行分析：

（1）真的忙。客户一般会出现语速很快，不停地看时间等动作，或者接完电话之后说出的话，基本上可以判断出客户确实在赶时间。这时，销售人员就应该停止推销，直截了当地询问客户是否有意购买，切记不要浪费客户的时间。

（2）没兴趣。这种潜台词在销售中比较常见。客户如果出现语速较慢，或者是在销售中，既不表示赞同也不提任何要求。这种情况下客户说"没时间"多半是对产品"没兴趣"。

这时销售人员就需要换一种销售方式，多用"如果不感兴趣，我可以给您介绍其他的款式"或"我想了解一下您对产品有没有什么要求，我好给您推荐，也免得耽误您时间"等。利用这些试探性、讨好性的语言，重新唤起客户的热情和注意力。

2. 当客户说"价格太贵了"

当销售人员在面对客户在价格上的意见时，都会无从下手，当客户说"价格太贵了"时，一些销售人员会认为客户可能确实没有购买能力，但也存在部分客户是为了占些小便宜而使用的策略。这就需要销售人员合理分析：

（1）没有购买力。这类客户的表达会很直接，当销售人员给予一定的优惠，客户也不会心动。因为对于超出购买力的产品而言，即便客户很喜欢，通常也不会选择购买。销售人员面对这样的情况，就需要给客户推荐符合其购买力的产品。

（2）想占小便宜。往往这类客户在说"价格太贵"之后，还会伴随着这样的话语"××牌子的质量就比你家好"等。这类比较的话语也只是为了获得一些优惠。此时，销售人员就需要尽量顺着客户心意适当地给予一些小优惠，满足客户占便宜的心理，最终让客户愉快地购买。

总而言之，在销售过程中，客户表达的内容在不同的情境之下，有着不同的含义。对于客户所表达的每一句话，销售人员都需要细心揣摩。同时，结合具体语境，分析客户的"潜台词"，我们就可以有效地找到客户存在的真实需求。

注意说话人的身份、心情

在销售过程中，客户对于产品的需求度，除了来自产品本身，还在很大程度上取决于客户当时心情的好坏。同样的商品，往往客户在心情好时就会很乐于购买，而心情不好时则会不屑一顾。所以，心情作为一种重要因素，在销售人员和客户沟通中起着关键性作用。

同时，销售的过程还是一场沟通上的较量，除了要考虑客户的心情变化，还需要注意客户的身份地位，只有用他们喜爱的方式说他们爱听的话，才能在销售过程中顺利地说服客户。

我们可以具体采用以下几个策略：

1. 客户心情的"调节器"

当一个人心情好的时候，也是他最好说话的时候。同样，在销售过程中，如果客户处于好心情的状态时，加上销售人员的热情推销，客户往往也会十分乐于消费。因此在销售过程中给客户营造好心情，有助于销售的顺利进行。

在日常生活中，我们每天都需要处理各种各样的琐事，难免会产生情绪问题，遇见心情不好的客户也很正常。面对这种情况，如果销售人员上前强硬推销，最后很有可能会成为客户的"出气筒"。所以，在面对心情不好的客户时，很多销售人员都会望而却步。

事实上，无论情绪好坏，每一位客户都或多或少地存在购买欲望，只是程度不同。销售人员只要做到灵活沟通，合理应对，妥善处理客户的坏心情，就可以有效避免客户坏情绪的干扰。

小马是某保险公司的销售人员。某天他去拜访之前的客户时，发现客户的心情不好，眉头紧锁。小马见客户心事重重，没有立即推销产品，而是一脸关心地问："张先生，我看您脸色不太好，是不舒服还是有什么烦心事？"

客户看小马如此细心询问，加上之前有过业务联系基础，于是放松下来向小马倾诉烦恼。一个多小时下来，小马一直耐心地倾听客户发泄苦恼，对于保险的事情小马一直都没提起。聊过之后，小马见客户的心情明显好转了许多，渐渐将话题转移到保险上来，主动提出产品的事，客户也没有拒绝，反而变得更加和善，最终顺利地和小马签单。

案例中小马的销售方式十分成功，他很清楚在客户心情不好的状态下进行推销，无疑是在碰钉子。此时的首要任务是安抚客户的情绪，让他排除情绪的干扰，如果可以改变客户的心情，那么销售的成功率会大大增加。

从某个角度来说，心情不好的客户更容易接近。当销售人员给予真诚的关心，可以很容易地获得这类客户的好感，更愿意接纳我们的善意，信任我们的推荐。

综合来说，无论是好心情还是坏心情，都有可能在一定程度上刺激消费。作为销售人员，我们需要针对不同情绪的客户，采取不同策略，成为客户心情的"调节器"，让客户在销售过程中稳定情绪，推动销售的有效进行。

2. 身份不同，策略不同

在销售过程中，销售人员千万不要认为，自身所秉持的销售方式适用于所有客户。在面对不同身份的客户时，采用同样的交谈方式，就像用同样的渔具、同样的饵料钓不同的鱼。因此，销售人员必须做到合理划分，对不同身份的客户采取不同的策略。

（1）性格不同。销售人员在面对不同性格的客户时，要分类而论。比如，面对沉稳型客户，销售人员的幽默感可能就会变得很轻浮；如果客户比较开朗，销售人员过度严肃，就会让客户觉得无趣死板。因此，在面对不同性格的客户时，应该根据具体情况进行分析，从而决定采取哪些合理的应对策略。

（2）年龄不同。和老人沟通，销售人员首先要做到尊重和耐心，给他们推荐较为实用和健康的产品；与中年人沟通，需要销售人员贴合他们的自身利益，做到合理推荐；对待年轻人，销售人员可以推荐一些新颖的产品，选择时尚的话题进行交流。

（3）文化水平不同。当客户文化水平较高时，销售人员可以用请教的方式与其交流，不要过于吹嘘产品；当客户文化水平较低时，切记不要故意卖弄自己的专业知识，而是应该放低姿态，尽量用通俗易懂的方式与客户沟通。

总而言之，在销售过程中，客户的身份和心情对销售起着关键作用，如果销售人员不能够有效分析并准确判断这些信息，很可能造成信息解读错误，导致销售失败。反之，如果销售人员了解了客户的心情和身份，并且采取有针对性的应对策略，就能够有效地满足客户的需求，从而大大增强成交的可能性。

揣摩对方说话的意图

在销售过程中，销售人员所要面临的客户类型千差万别，他们性格上的差异决定了语言表达上的不同。有的人说话喜欢拐弯抹角；有的人说话喜欢直来直去；还有的人说话喜欢无厘头……这些千差万别的客户都会在一定程度上限制我们对客户信息的深度把握和了解，导致我们不能够充分了解客户的意图。面对这种形势，真正能做出改变的只有销售人员，只有当销售人员练就了准确分析客户行为、话语的能力时，才能够真正了解客户的意图，从而解决问题。

我们可以具体采用以下几个策略去揣摩客户的意图：

1. 了解对方想法与凭据的来源

设法了解对方想法与凭据的来源，也就是先对客户意图进行整体方向上的把握。例如对方很爱说话，那么我们尽可能地将话语权让给客户，客户讲七分，我们讲三分。这样就有希望得到客户更多的信息流露，分析出客户真正的意图所在。因为对方越是直言不讳、越是说得多，信息就会暴露得越多，我们也就更加容易了解客户的想法、意见，以及想法的来源和凭证，最终也就越有利于我们准确把握客户的意图和心理。

2. 站在对方的角度上考虑问题

有时候，在与客户交涉的过程中，销售人员之所以迟迟把握不了客户说话的意图，主要是因为没有站在对方的立场上考虑问题，导致和客户的想法相背离。

当我们感觉对方仍然坚持原来的观点或者是保持着不舍的态度，最好的办法就是先尝试着接受客户的想法，或者是先站在客户的立场上发言，试着顺从客户。这样做不仅仅是为了保护客户的自尊心，平复客户的心态，更重要的是通过赞成客户，得到客户的信任，从而得到客户思路和想法的顺延，帮助我们深入了解客户内心的想法和意图。

　　一位销售员上门推销空调。

　　销售员："哎呀，你们家的空调太旧了，这种老空调不仅制冷效果不好，耗电量还大，该换新的了！"

　　客户马上产生情绪，驳斥道："你说什么啊，我们家空调很耐用的，都用了7年了，到现在还没有出现过任何故障。我才不换新的呢！"

　　听到这里，销售员只好无奈地走了。过了几天，又来了一个销售员前来登门拜访。

　　销售员："说您勤俭持家倒不如说您有一颗怀旧的心，您对这空调感情颇深呢！"

　　客户嘴角含着微笑说："是啊，我们家这台空调用了好久了，是有点旧了，我也在思量着要不要重新换一台。"

　　听到这里，销售员赶紧把宣传手册和优惠卡拿给客户看，并且为他解读产品信息："您看，我们主推的两款产品一种是时尚热销款，另一种是家庭实用款。您可以看一下宣传图。"

　　客户不紧不慢地说："我也不太懂，你给我介绍一下呗！"

　　销售员："根据观察，我个人觉得您比较适合家庭实用款，主要原因是您的家庭装修，以及个人购物心理都比较倾向于家庭实用款。"听到这里，客户意味深长地点点头。

　　得到客户的认同，销售人员又立马将话题转入到具体产品分析上，列举了家庭实用款空调的价格、功能、优点等。

　　可是，经过这样一番推销，客户仍旧没有表现出成交的意思。这时销售人员试探地问道："您是不是在担心价格方面的问题？这个您可以放心，现在这款商品打8折，算一下，比往常要便宜500多块钱呢。"同时，他将产品原来的价格拿出来进行对比。客户看后表示非常满意，立刻决定就买这款空调。

第一位销售员与第二位销售员的差别就在于后者不但认真揣摩了客户的心理，还有意识地站在客户的角度上进行思考，真正把话说到客户心坎上，为客户推荐了适合的产品。很多时候，销售人员只有真正换位思考，站在客户的角度上，才能听懂客户的"话外之音"。

3. 善于分析与利用对方的微妙心理

客户一切行为和语言的背后其实都暗藏玄机，隐藏着重要信息。如果我们能够看出信息的端倪，洞悉他们的心理，并加以引导，那么销售的成功率就会大大地提高。

例如，客户说："你们家的产品如果买得多一些，能不能给个批发价？"这就说明，客户对产品包装、样式、性能等方面都很满意，此时唯一的心理需求就是希望在价格上能够有所优惠。销售人员这时候不需要再去突出产品有多好、有哪些功能，而是在合理的范围内给出让步和优惠，让客户感受到我们的善意，并且在心理上得到优惠的满足感，这时成交也就不在话下了。

总的来说，销售就是一场心理上的博弈，销售人员如何能够在这场较量中更胜一筹，取决于是否能够准确掌握客户的心理和意图，是否知道客户需要什么样的产品。只有搞清楚了这些问题，才能真正在销售中做到应对自如、得心应手。

第十章

▶▶

远程沟通心理学：看不见对方，如何沟通

在销售过程中，有时候受到具体条件和情境限制，可能我们与客户的交流只能停留在远程沟通上。面对这种情况，我们应该深入了解各种沟通形式的特点及功能，深入把握沟通形式的作用，有效结合心理学，双管齐下，共同发挥销售作用。

电话沟通心理学：克服恐惧，用语言施加影响

随着时代的发展，电话成为每个人手中必不可少的物品，再加上日益加速的生活节奏，电话销售的方式也随之发展起来。

然而，在电话沟通的过程中，销售人员更容易遭遇到拒绝和不尊重。比如，客户会直接挂断电话，或者说"没兴趣""不需要""我很忙"等，以此拒绝销售人员，使销售人员产生强烈的挫败感。

事实上，与日常生活中的面对面销售一样，电话销售也需要掌握一定语言技巧和心理策略。只有利用正确的沟通策略，才能够抓住客户心理，实现有效销售。

1. 克服恐惧，保持良好心态

在电话销售的过程中，客户的拒绝方式可能会表现得更加直接，导致销售人员产生负面的情绪。如果不能有效地消化和排解负面情绪，就很有可能影响接下来的工作，不利于销售的有效进行。

所以，对于电话沟通，销售人员首先需要做的就是端正心态。当你以一个乐观、开朗的心态去打通电话，你的语气都会是悦耳的，给人的感觉也是愉悦的。那么客户感到愉悦，就会继续听你说，你就有了更多成交的机会。

其次，永远要去打那个你不敢打的电话。因为有些客户会拒绝你，很可能人家真的是在忙，或者刚好那天心情不好。如果你因为被拒绝，就放弃了，那么你就有可能错过了一个刚需客户，所以永远要去打那个你不敢打的电话。

2.运用语言的力量"抓住"客户

在电话销售中，如果销售人员不具备20秒以内吸引客户注意力的水平，将会随时面临被客户无情拒绝的下场。所以销售人员一定要把握时机，巧妙地用语言的力量引起客户的注意力。

（1）提前了解客户信息。在销售人员打电话之前，必须要对客户的信息详细了解。例如，客户的年龄、职业、学历、收入水平以及产品需求等基本信息，都需要做一个基本的了解。否则的话，会影响到接下来的沟通。

（2）语言简洁、精准。在打电话之前要先组织好语言，考虑清楚表达的内容。不要在通话过程中含糊不清，支支吾吾，毕竟电话沟通的时间有限，如果销售人员做不到语言短小精练，最终只会惹恼客户。

具体可以采用罗列法、框架法等。罗列法是指通过序列号提前划分好有效观点，在沟通的过程中可以根据具体的步骤，逐条为客户分析。框架法主要是让内容表达显得更有逻辑性，更加清晰易懂。

（3）目的明确。销售人员需要针对不同客户的信息，给出相应的策略，在短时间内根据客户的需求详细介绍产品的关键优势。例如客户咨询产品的性能，销售人员就应该针对产品的功能、特点、用途等方面给客户展开介绍；客户咨询产品的价格，我们就需要针对产品的价格方面，为客户进行详解和分析。当然，客户如果需要提供解决方案，我们也应该为客户提供直接、有效的解决方案。

3.巧妙应对客户的拒绝

在面对客户的拒绝时，很多销售人员会直接放下电话。事实上，很多成功的电话销售都或多或少地遭遇过客户的拒绝。所以，拒绝并不可怕，只要销售人员做到不气馁，巧妙地应对，也可以扭转局面，赢得客户。

面对客户的拒绝，有以下几个应对的技巧：

（1）"我现在没空了解"

销售人员在面对客户因时间原因的拒绝，应该先表示歉意，然后再询问客户什么时间方便，重新联系，让客户感受到销售人员的诚意。

（2）"没钱购买"

客户以没有购买力为由拒绝，可能是对产品的价格不满意。这时，销售人员需要向客户详细地介绍产品的特点，并且给予客户合理的优惠。当然，也有可能真的是产品超出了客户的购买能力。这就需要销售人员对客户的消费预算做进一步的了解。

（3）"我不需要"

客户的购买欲望不高，也表明产品的吸引力不够大。这时就需要销售人员询问客户的兴趣点，进行有针对性的销售，提高客户的购买欲望。

总而言之，在电话销售中，销售人员只能依靠语言打动客户，想要了解客户的需求点会变得更加困难。这就需要销售人员首先克服恐惧心理，以良好的心态面对客户，然后在销售过程中依靠语言的强大力量去征服客户，赢得客户心理上的认同。只有这样不断引导、不断说服，才能够"步步为营"。

邮件沟通心理：利用客户"厌恶损失"的心理

伴随着互联网的发展，电子邮件也渐渐在销售行业中盛行起来。当客户工作繁忙、不方便接听电话时，销售人员通常会选用电子邮件的方式与客户沟通。相对于电话沟通，邮件的方式不容易出错，避免了直接交流时销售人员在语言上出现的失误。

因为缺少直接交流，一旦邮件内容的处理上不够新颖，没有足够的吸引力，也会导致客户草草浏览，甚至根本不会查阅。所以，邮件沟通虽然在一定程度上避免了一些失误，但需要销售人员在内容上加以充实，并且需要充分利用客户的心理，使客户对产品产生购买欲望。

在销售过程中，如何充实邮件内容，把握客户的心理？

1. 注重邮件内容

电子邮件作为一种销售方式，由于其只能依靠文字向客户传递信息，在一定程度上对于邮件的形式要求就更加严格。销售人员在发送邮件时，就需要仔细思考，列举出清晰完整的产品优势，确保能够抓住客户的眼球。具体有以下几个小技巧可以参考：

（1）具有针对性。在邮件编写的前期，销售人员需要根据客户的不同需要给予针对性的介绍，不能一概而论，以免让客户觉得每封邮件都大致相同，提不起兴趣看下去。销售人员应该提供有针对性的内容介绍，让客户感受到销售人员的专业性，提高客户对产品的信任度。

（2）紧扣要点。销售人员在语言组织上要简短精悍，不要长篇大论导致邮件内容没有重点。同时，使用语言要精准，或者可以采取数据和图表的方式，方便客户发现要点。

（3）及时回复。销售人员要养成随时查看邮件的习惯，对于客户的邮件反馈需要第一时间进行回复，不要怠慢了客户。

2. 抓住客户的心理

当客户被销售人员的邮件内容所吸引时，只是完成了销售的一部分，销售人员还需要利用客户心理，使其产生购买欲望。

在销售过程中，销售人员通常会大篇幅地向客户介绍产品所带来的好处，但这种方式所产生的说服力并不明显。反之，如果当销售人员转换一种说法，以客户所产生的损失为诱饵，可以轻易地动摇客户的内心。这种心理被称为"厌恶损失"的心理。

比起获得的利益，人们更注重自身的损失。所以在与客户的邮件沟通中，销售人员要把握客户的心理，在给客户分析产品优势时，不妨转换一种表达方式，将利益转化为损失，可以更好地抓住客户的心。

案例一：商场做活动打出"新品上架，全场8折"类似这样的宣传显然效果一般，可当商家改为"限时促销，全场8折"就会吸引很大一批客户。主要是因为前者是获利，后者是损失。客户会因为"限时"两个字而选择购买，本质上是不愿意损失掉这样的折扣机会。

案例二：销售人员在介绍产品时，将"购买此项产品可以获利多少"改为"如果没有选购该产品将会造成多少损失"将会更加吸引客户。例如"精选电器，买到就是赚到"改为"买了它，将会减少你经常更换产品的损失"。显然，后者更容易让人产生购买欲望。

在利益对等的情况下，客户相对利益会更在乎自身的损失。销售人员需要牢牢把握住客户的"厌恶损失"心理，在编写邮件时，转换思路，在客户的需求点详细介绍分析损失，给予客户一定的紧迫感，增强客户的购买欲望。

　　总而言之，邮件沟通方式有利有弊，销售人员应该注重邮件的内容形式，首先做到吸引客户的注意力，然后在此基础上利用客户"厌恶损失"的心理，以此达到提升客户购买力的目的。

QQ沟通心理：文字、表情图也有语气

随着社交软件的流行，QQ逐渐成为商家用来与客户沟通交流的平台，销售人员开始利用QQ与客户互动。QQ沟通相对于面对面交流来说，显得更加亲近，会使销售过程变得更放松，更容易拉近销售人员与客户之间的关系。

不过，作为社交软件，销售人员也需要拿捏其中的分寸，QQ上的文字和表情图也会透露出很多信息。这就需要销售人员准确把握，合理运用QQ沟通的小技巧。

1. 注意聊天时间点

很多销售人员在与客户进行QQ聊天的过程中，不注意聊天的时间点。比如一些销售人员选择在晚上找客户聊天，认为客户晚上应该不会太忙。可事实恰恰相反，一整天的工作已经让客户身心疲惫，不会有心情去理会销售人员。不仅没能拉近与客户的关系，反而会使得客户产生厌烦的情绪。所以，销售人员应该找准客户的时间点，有效合理地进行沟通，比如周末空闲时间、客户的空余时间等。选择这些时间点都可以避免造成一些不必要的打扰。

2. 先拉近关系，再谈工作

在与客户沟通时，开头语可以是先多关心客户。比如，"李先生，最近好吗？""早上好，吃过早餐了吗？"以关心的话语作为聊天的开端，比较容易让客户感受到诚意和关心。

在此基础上，销售人员可以和客户建立相对轻松的关系，那么在话题的引导上会变得更加轻松，相应地，销售人员所推荐的产品也很容易获得客户的信任，最终有利于促进销售成交。

3. 回复要及时有效

在销售中，如果客户对产品产生了很大的兴趣或者有很多意见，那么销售人员在面对客户积极的询问时，要做到及时回复。

同时，在QQ沟通的轻松之余，也要严肃地对待客户提出的专业问题，给予准确、有效的回复，不要因为销售人员的自身问题，让客户认为自己被敷衍。

4. 感受文字中的语气

在QQ聊天中，文字所表达的情绪往往是有限的，为了区分不同的语气，人们往往会通过标点符号或语气助词来展现。所以，在QQ沟通中，销售人员需要注意客户文字中所表达的语气，通过语气助词来区分。

比如"啊、啦、唉、呢、吧、了、哇、呀、吗……"等，销售人员需要仔细分析这些文字所表达的语气，以此来分辨客户文字背后的真实含义。只有把握住客户每句话的含义，才能拿捏好客户的喜好，最终才能充分把握客户的心理。

5. 表情图也有语气

在与客户的QQ沟通中，销售人员经常会收到客户发来的一些表情图，而这些表情图在销售沟通中也格外重要。看似简单可爱的表情图则代表着客户不同的语气和心情，销售人员需要结合语境仔细分析。

比如，收到客户发来的笑脸时，客户真的是在表示友好，还是在一定程度上对销售人员的推销不感兴趣、采取敷衍的形式？这些含义都需要销售人员在聊天的语境中进行分析判断。

再比如，客户发出疲倦表情时，可能存在两种状况：一种是客户真的很疲惫，想改天再聊；另一种是客户在表示对我们的不耐烦、听不进去。不管是哪种情况，一旦对方发来疲倦表情，销售人员都要及时停止对话。如果仍然喋喋不休，只会导致对方反感。

对客户表情进行有效分析，是准确把握客户心理的重要前提。只有当我们能够把握客户的心理时，才能真正做到有效应对，而不是反其道而行。这一点在QQ聊天中同样适用。

微信沟通心理：推拉之间，让客户对你产生"感觉"

随着智能手机的日益普及，微信沟通已经慢慢地从高收入人群走向大众化。它几乎成了网络聊天的第一工具。无论在哪里，只要带着手机，我们就能够很轻松地与客户进行良好的互动和交流，进而有效获取更加全面真实的客户群体。

微信沟通虽然有着较强的互动性和时效性，想要轻松驾驭却并非易事。它不像和亲人朋友之间聊天一样随意，也不像面对面交流那样能够获取更多的客户信息。微信是心理上的对抗，讲究的是心理上的沟通。

1. 注重联系的质量

当今社会，每一个人对自己的隐私都越来越重视。销售和客户之间的沟通难免会面临更多的困境，因为客户会反感我们打电话、发信息，最终客户也就越来越难约。

面对这种情况，就要求我们必须懂得沟通的心理技巧、把握客户的心理，真正把话讲到点子上，讲到位。同时，还需要注重提高服务态度和服务效率。服务态度表现在问候、礼貌用语以及销售人员的基本素质等。服务效率主要体现在回复客户信息的及时性和有效性。总而言之，微信沟通重在联系的质量，而不是联系的数量。

2. 善打感情牌

微信沟通是一场长久的心理战，想要掌控客户心理、说服客户，并非一朝一夕之事。我们需要做的就是利用时间上的充裕性来打感情牌。人非草木，一旦将客户谈成了朋友，就有利于我们的进一步推广和销售。

陈凯是一家装修公司的销售人员。平日里主要负责跑业务、拉客户。陈凯并不像其他销售人员那样大海捞针或者是登门拜访寻找目标客户。他充分利用网络，通过微信群、朋友圈、公众号来推广销售信息。

如今，陈凯手中已经积累了大量的目标客户，每天都会进行及时跟踪。一旦和客户熟悉之后，陈凯就会适当地跟客户谈装修，帮助客户了解装修。时间一长，客户在心底就会形成印象，一旦有装修方面的需要或者在装修方面存在问题，都会找陈凯。面对客户的疑问，陈凯都会帮助客户详细解答，有时甚至免费帮助客户做户型分析、房子测量等。正是基于这样全面而优质的服务，陈凯在微信平台上结交了很多真实有效的客户，大大提升了销售业绩。

陈凯充分利用微信沟通与客户之间建立感情，先用真诚的服务态度打开客户的心扉，然后辅之以合理的销售技巧进行宣传和推广。久而久之，既与客户之间建立了良好的合作关系，同时又实现了自身的销售目的。

3. 朋友圈点赞，寻找共鸣

既然和客户建立了微信之间的联系，那么一定会经常看到客户的生活动态。客户发表朋友圈的意义所在就是希望能够博得大家关注，得到大家的认同和褒奖。

这种情况下，我们要看破客户这一心理。学会站在客户的角度上，说客户想听的话，还要及时为客户点赞、评论，证明我们关注客户，认同客户的观点，以便能够与客户之间建立起联系和共鸣，延伸沟通话题，从而进一步促进销售。

总而言之，微信沟通讲究的就是建立联系、建立感情。如何在与客户一言一语之间产生"好感"？如何在"一推一拉"之间拉近彼此的距离？这都需要我们在沟通中抓住客户的心理，抓住客户的动态，及时关注、及时出击、合理交流，进而帮助我们快速实现营销。

直播沟通心理：互动让你不冷场

提起沟通平台，要说互动性最强、人气值最高的平台，非直播莫属。自2016年以来，直播平台迅速发展，逐步深入到各行各业的人群当中，受到越来越多的青睐。许多商家或者销售人员都纷纷效仿，充分利用直播沟通来实现最大限度上的推广营销。

直播沟通，这种带有仪式感的内容传播形式，正是以超强的视觉感官效应和娱乐性质吸引着广大群众的眼球，抓住了客户这种互动和娱乐心理，能够把产品在轻松愉悦的氛围下推销给客户，让客户在亲密互动的瞬间为我们的产品埋单，最终达到销售的最高境界。

那么，如何有效利用直播沟通实现销售？

1. 直播+产品体验

产品体验本身就是产品营销中较为吸引用户的一种营销手段。利用直播和产品体验双重营销模式，往往能够迅速提升品牌的人气，形成良好的推广、营销效果。这种营销模式适用于当下食品、饮料、美容、服装、日化、娱乐、餐饮、线下服务等多个行业。

某购物平台每天推出直播活动来吸引客户前来购买产品。第一天邀请网红直播为大家示范如何穿衣搭配，如何提升穿衣风格。第二天邀请专业直播来教大家如何化妆、护理，同时请来一些顾客作为体验者。第三天教大家学习一些日常生活小常识……

长此以往，既吸引了广大用户的围观，获取了一定的用户流量，同时又为用户的购物提供了方向，刺激了消费。

直播+产品体验是当今产品推销中较新颖的销售策略，主要是利用人们好奇、娱乐的心理，来唤起大家的体验意识和购物意识，有助于商家实现有效推广和销售。

2. 直播+互动活动

相较于传统电视，直播本身就是一个互动性极强的交流平台，直播者可以利用直播平台进行实时互动，满足人们多元化的需求。

比如，人们还可以及时发表评论，发表弹幕吐槽，充分表达自身的观点和意见。这种互动的真实性和立体性，也只有在直播交流中能够完全展现。

所以，在产品销售过程中，想要成功地与客户建立深入而密切的交流，就需要在直播中制造一些互动活动。例如，给观众自由的发言权，实行参与有奖、有奖竞答等活动。充分调动客户的积极性，让客户一直处于高亢的情绪中。如果我们能在这种气氛下做到恰到好处的推波助澜，定能帮助我们实现事半功倍的营销效果。

3. 直播+广告植入

除了某些个人直播是为了娱乐目的之外，其他直播平台都或多或少地注入了商业营销性质。毕竟直播作为互联网时代的产物在营销行业发挥着不容小觑的作用。

以《饭局的诱惑》品牌植入为例，嘉宾们在直播节目中举杯马爹利，用三星盖乐世手机查看身份牌，通过苏宁易购APP下单购买当期MVP大礼……这些品牌植入在直播中都获得了一个有趣的场景、有效的应用，使得品牌大放异彩。

与过去比拼产品摆放和LOGO大小相比，这种植入方式结合产品特性，进行了场景设置，成为直播节目中的一个看点，吸引了大量观众的围观。

　　销售人员在利用直播与客户沟通的过程中，也可以有效植入一定的广告。同时，利用直播传播产品品牌来摆脱以往的生硬传播，收获更多粉丝的好感。

　　总而言之，每种沟通平台都发挥着自身特有的优势，都能够把握和牵动客户的某种心理。我们在沟通过程中应该充分发挥每种沟通平台的优势和特质，与客户之间建立联系和感情，充分调动起客户的体验心理、购买心理，从而帮助我们最大限度的实现有效营销。

第十一章

▶▶

成交心理学：销售的
终极心理博弈

所有的销售过程，归根结底就是在为成交做准备。所以，懂得成交心理学，才是销售终极博弈的重中之重。为此，销售人员可以利用一些心理学上的效应来激发客户本性，通过为消费者分析产品的价值来增强客户的购买欲望。

从众效应：喜欢"随大流"是人的本性

群体的力量是无穷的，很多时候人们宁愿站在错误的绝大多数一方，也鲜有人会选择站在寥寥无几的正确一端。跟随大众意味着安全感，同时也是一种心理上的暗示和行为上的诱发。这也是为什么那么多人喜欢赶潮流、喜欢跟风的原因。

这一心理效应是一种较为普遍的社会心理和行为。在销售中也十分常见，比如，我们经常可以看到一波人成群结队地奔赴某商场或者是某商品售卖处，在促销员的强力推荐下，商店门口排起了长长的队伍等。这些都是商家用来吸引客户、刺激消费所惯用的方法，正是基于人们喜欢"随大流"的本性，以此引发消费行为。

在实际销售中，如何充分利用从众心理实现销售？

1. 营造气氛，吸引客户前来

想要销售更多的产品，良好的销售气氛是必不可少的。销售气氛在一定程度上具有强大的诱惑性和煽动性，它能够快速吸引客户的眼球，引发客户的购买行为。为此，销售人员可以针对消费者这一心理，营造热烈的销售气氛来激发客户的从众心理。

某家超市在周末购物高峰时，通过"购买立送"活动来营造购买气氛，并且让超市内部员工假扮成消费者排队购买。同时又给员工分配一些"领头羊"的任务，帮助超市渲染活动气氛，引导消费者产生消费行为。过了一会儿，来来往往的路人都不约而同地加入了队伍之中。最终，超市当天的营业额创造了最新纪录。

不得不说，利用从众心理拉动销售是一个很有效的销售策略。在现实销售中，很多销售人员和商家都在纷纷效仿，并且在很多案例中都显现出一定的成效。所以，在销售中，我们应该充分利用消费者的从众心理，有意识地制造"从众氛围"，渲染消费场景，吸引客户前来体验和购买。

2. 广告效应，引导客户消费

为什么制作广告的价格如此高昂，却总有商家跃跃欲试？主要原因是他们看到了广告背后的利益，看到了更加长远的利益所在。

例如，"脑白金"保健品、"六神"花露水、"舒肤佳"洗护品……这些深入人心的广告，具备强大的生命力和影响力，让人们在购物时会不由自主地产生选择和购买行为。

在具体销售过程中，我们也需要充分借助广告宣传，以有影响力的大客户做引导，树立产品的权威性和品牌性。比如，我们的产品和某某著名大公司合作，被认定为该公司的指定产品；在同类产品中，我们的产品算是知名度较高的一项产品，在产品设计和质量上都有所保证。通过对产品和品牌广告知名度的拔高，刺激消费行为。

3. 销售数据，建立安全心理

在销售中，当客户对我们的产品和品牌产生不信任或者表示不了解时，不妨拿出公司的销售数据，用业绩说话，用业绩来证明一切。

例如，"您好，根据这项产品的销售记录来看，您已经是我们第18935个顾客。公司为了在月底最后两天将客户数量突破20000，会对产品进行超低价的优惠促销，希望您能够抓住这个机会。"听到这里，消费者不仅会从产品的销售数据上对产品质量放心，再加上价格优惠刺激，消费者就会更容易产生购买行为。可以说，有时候一份简单的数据可能胜过千万句的推销。它不仅能够帮助销售人员有力地证明产品和品牌的效益，同时还能够让客户产生深切的认同和信赖，从而建立安全心理。

在销售过程中，我们最终的利益点就是来来往往的客户，如何有效地将他们串联在一起，就能发挥出无限力量与无穷效益。这就需要销售人员充分利用从众心理，将众多客户连接到一起，互相影响、互相作用，迸发出更大的营销力量，从而带动自身的发展和壮大。

画蓝图增进客户的购买欲望

做销售一定要懂得"画蓝图"。通常情况下，产品再漂亮，不能产生实际效益，不能给客户带来量身定做的美感以及某种心理感受的向往和寄托，都不能称之为有效的产品。产品的这种有效价值，需要借助销售人员之手去包装和加以诠释。

"画蓝图"就是将产品的效益和价值注入客户身上，通过其带来的某些使用效益以及满足客户心理上的需求，增进客户产生购买的欲望。

因为客户在一开始接触到产品的时候，可能由于对产品信息了解不全面，以及存在一种防备心理。他们的目光很少停留在产品有哪些亮点，会给自身带来哪些利益上面，而是过多地看重产品是否存在某种缺点，或给自己带来某些方面的损害等。诸如以上原因都会限制客户对产品蓝图的构想。

面对这种情况，销售人员就需要帮助客户在大脑中对产品形成一个认知，并且通过蓝图为客户描绘出客户在拥有产品之后，生活将会带来哪些明显的改变。比如，可以满足哪些方面的需要，带来哪些美好的效果，让客户真正感受到产品的价值和效益所在。

不过，销售人员应该注意的是画蓝图并非仅仅是掌握产品信息和价值，还需要具体掌握以下几点：

1. 了解客户的心理特征

学会了解客户心理是引导客户消费的源头。只有深入了解客户心理，才知道客户真正想要什么，客户才会按照我们的引导购买什么。毕竟只有顺时而动，才能够少走弯路。

一般情况下，客户的心理特征主要包括：求实用、低价位，求方便，求新颖、美观，求保值、升值等。不同的心理特征，决定了客户会产生不同的购买行为。例如，针对求保值、升值的客户，可以这样描绘蓝图："您现在花50万买下这房子，3年之后，对面的小学建成，您这房子就是市重点小学的学区房。到时候，房价肯定不止翻一倍，这可比您辛苦工作3年的收入要高得多了。"

也就是说，了解客户心理特征的主要目的是准确把握客户的心理需求，进而针对产品满足其需求之后的场景画蓝图，进而刺激消费。

2. 了解客户类型

不同的客户类型对画蓝图的方式要求会有所不同。

比如，沉默寡言型客户不喜欢太夸张的描述方式，而自我吹嘘型客户不喜欢太平淡、内敛的描绘方式。销售人员可以先找出客户具备哪些性格特点，有什么样的心理活动，更愿意接受哪些产品信息、推销内容等。这一系列都是我们将要构建出的蓝图必备的要素，只有我们将这些问题的答案展现在客户面前，才能抓住客户的心理，增进客户的购买欲望。

3. 了解客户外部表现

客户的肢体语言也是内在心理的一种外在表现。一个人的内心活动可以通过自身的言行、举止、表情、习惯等表露出来。同样地，具体到客户的消费心理也能够从客户的外在表现捕捉到其内心活动。

例如，在推荐产品时，客户托腮表示思考和质疑。这时候我们就需要耐心询问客户存在哪些疑虑。再例如，在介绍产品某一特性的时候，客户突然拍手叫好。这就表明客户被产品某方面所吸引并且表示满意。这时候我们也需要暂时停下来，耐心询问原因。一方面可以延续客户内心的喜悦感，另一方面也可以将客户的满意点和需求点记录下来，以便做好产品蓝图定位。

销售人员可以通过细微的外部变化，来了解客户对产品的具体构想。这样在接下来的产品蓝图的构建上，有利于进一步定位和优化。确保能够充分渲染产品的价值光辉，唤醒客户对产品的购买欲望。

总而言之，销售产品不是盲目地将自己的产品推销给客户，也不是喋喋不休地围绕产品的特点大喊口号，而是充分了解客户的内在喜好、心理需求，并且不断迎合客户的心理需求，为客户画出符合他们心理的蓝图，帮助他们在心中牢固地树立产品的价值，预见产品的未来效益。

激起客户心中的炫耀欲望

　　从心理学的角度来看，炫耀心理是以购物来显示自身某种超人之处的心理状态，是爱美心理和时髦心理的一种具体表现。尤其是随着人们物质生活水平的提高，越来越多的人追求这种炫耀心理。他们喜欢在生活中和其他人攀比，总希望自己比身边的人过得更舒适、更富有。

　　一般情况下，他们在消费活动中除了要满足自己的基本生活消费需求，使得自己更美、更时髦之外，还会追求高档次、高质量、高价格的名牌产品以及外观个性化的产品。例如奇异、超凡脱俗、释放、洒脱等具有与众不同的特质的产品，借此来彰显自身前卫的消费方式、地位上的优越、经济上的富有、情趣上的脱俗等。

　　销售人员应该将计就计、顺水推舟，充分借助商品某些方面超人之处的价值，来激起客户内心深处的炫耀欲望，进而实现成交。

　　1.“切中要害”，适时赞美

　　产品“要害之处”指的是产品在某些方面价值的突出表现。也就是说，在销售产品时，我们一定要拿捏好产品最有价值的地方，充分将其展现在客户面前，呈现出产品的价值所在，让客户看到产品的价值以及产品将会给他带来哪些过人的效益。

　　同时，抓住客户自身某些方面存在的特点优势与产品性能相结合，既发挥出了产品的价值，又激起了客户的炫耀欲望。

　　销售人员在向某女士推荐一款珠宝产品。

销售员："哎哟，您戴上真好看，因为您皮肤白，所以把项链衬托得更加闪耀、亮丽。"

客户："是吗，我觉得还好。"

销售员："您可别谦虚了，这项链一戴整个人的气质都被提升上来了，仿佛年轻了十几岁。"

客户："也是，我之前去买项链，人家都问我有没有三十岁，我告诉人家我都四十几岁了，人家都不敢相信。"

销售员："是啊，您要是不说，我还以为您二十多岁呢！真美慕您，我要是能有您这样的条件，我也一定会打扮得更时髦。"

客户："我也觉得自己挺时髦的。好，这个项链我要了。"

通过一系列产品价值的展现以及销售员口若悬河的言语说服，销售员具有了很大的胜算。但是，销售员仍然没有停下来，而是继续结合产品的价值点对客户进行赞美，不断激发客户的炫耀欲望，让客户沉浸在这种愉快的享受之中，促使客户为自己的快乐埋单。

2. 顺从客户意愿，不与其争论

在销售过程中，当我们在和客户谈论产品特点、价值、价格等方面时难免会与客户之间存在一定的观点分歧。有时候客户为了展示其炫耀心理，可能会贬低或者是讽刺产品。

面对这种情况，销售人员的做法应该是：首先在态度和外在表现上尽可能平和，即便内心不认同客户的看法，也应该暂时顺从客户的心理意愿，稍后寻找其他方法和思路来满足客户的炫耀心理。

反之，倘若我们一味坚持自己的观点，与对方争论，不仅会驳了客户的颜面，而且会让客户对我们的产品产生不满，最终不利于销售的顺利进行。

3. 鼓励客户，表示深度认同

炫耀心态的形成有三个条件：炫耀物、他人肯定、炫耀对象。其中，炫耀物也就是产品，需要销售人员借助自身强大的推销来优化产品，说服客户；他人肯定，需要销售人员对客户拥有产品后的形象、价值进行深度认同和赞许。不过，对于不同类型的客户，需要销售人员根据具体情况在不同程度上进行鼓舞、引导、激发。

例如，对于潜藏心理状态的客户，应该先尝试利用沟通来建立关系，然后不断发掘其炫耀欲望，根据其表现来进行产品推销；对于自吹自擂的客户，应该充分把握其炫耀心理，不断提高客户的姿态，激起客户对价格高昂产品的购买欲望。只有真正走进客户心理，让客户产生认同，产生购买欲望，进而才能引发购买行为。

总而言之，客户爱炫耀是一种出于本能的心理，销售人员应该充分把握和拿捏好客户的这一心理。既然客户想要优越心理，那么我们就给予他优越心理；既然想要产品来满足内心的炫耀欲望，那么我们就按照客户的欲望进行销售，将话说到点子上，充分激发客户的炫耀心理，这样才有利于我们实现有效营销。

真心为客户着想，俘获客户的感恩之心

重视赚钱的能力，但不能忽视做人的能力。

在销售过程中，很多人经常被眼前的利益所驱使，他们重视一切的销售技巧、销售谋略，重视一切的销售利益。殊不知，除了销售技巧之外，还有一个重要的能力——经营人心。客户是我们的利益提供者，只有我们真心为客户着想，俘获客户的感恩之心，客户自然会给予我们相应的回报。

销售员正在为客户推荐一款新型的净水设备。

客户："这种净水设备真如广告中说的那么好吗？"

销售员："嗯，在整体上基本一致，只是……这么跟您说吧，这款净水设备无论是在质量还是在突出性能方面我都可以为您作保证，但是产品在节能方面可能并不是十分完善，因为新产品处在刚推出阶段，尚未得到完全改善。"

客户："哦，是这样啊！那除了不节能之外，还会带来哪些不利影响吗？比如身体健康方面。"

销售员："健康这一点您大可放心，我们正是因为注重人体健康才设计出这款净水设备。"

客户："那它的价格是？"

销售员："价格在900块钱左右。"

客户："价格有点贵。"

销售员："我看您也是真心想买。这样吧，我在价格上为您多打点折

扣，尽量满足您的需求。您看如何？"

客户："既然这样，那我就买了。"

案例中的销售人员在面对客户对广告提出的质疑时，并没有反驳、争辩，而是本着诚实的心态与客户进行交流，实事求是地为客户讲明产品的基本情况，客户在了解真实情况后并没有拒绝，而是更加愿意同销售人员继续探讨。之后，当客户对产品的价格方提出不满时，销售人员想的是如何为客户解决问题，而不是仅仅为了谋利来隐瞒或者是诱导客户。经过一系列的沟通之后，销售人员以周到的服务和为他人着想的姿态打动了客户，并且获得了最终的成交。

在现实销售中，人们习惯于利用各种销售技巧来达到成交的目的。我们领略过太多眼花缭乱的销售策略，却很少有人将销售和产品注入人性温暖的力量，利用温情来俘获客户的心。可以说，当下社会缺少的已经不再是销售套路、技巧，真正缺少的是真心为客户着想，本着客户的利益出发的销售榜样。

事实上，真心为客户着想，并不意味着与我们销售本身的利益发生冲突。因为我们在为客户提供方便和满足的同时，客户也能够回应感恩之心，进而与我们建立联系，促进成交。从某种意义上来说，它是一个互利、共赢的销售模式。

真心为客户着想，首先要懂得站在客户的角度上考虑问题，把客户的事情当作自己的事情来做，积极主动，没有借口。尤其是在细节上服务到位，让客户感受到我们的真诚。例如："您想看哪件产品，我这就给您去取。""您坐这里歇会儿，我们为您的产品进行包装。"这些服务的小细节都可以在一定程度上给客户带来好感。

其次，当客户提出问题时，我们要把客户的问题真正放在心上，及时有效地为客户消除疑虑、解决问题。

最后，尊重并力求实现客户的期望，为客户提供高水准、专业化、个性化的贴心服务，例如，产品体验服务、线上配送服务、产品售后服务等。这些全面的、有效的服务不仅能够体现出我们的专业性，而且能够为客户提供超出期望值的服务，让客户对我们产生深度的信赖感和认同感。

总而言之，利益是相互的，销售人员需要铭记的不仅仅是如何满足客户需求，更重要的是我们能为客户带来什么，能为客户解决什么样的问题，提供什么样的帮助。只有当销售人员懂得真心为客户着想，才能俘获客户的感恩和尊重，客户才会心甘情愿为之埋单。

放出稀缺信息，直击客户担心错过的心理

"物以稀为贵"是一个非常重要的心理学原理。当一件物品非常稀少或者是开始变得稀少的时候，物品就会变得更有价值。从心理学的角度来看，这反映了人们深层次的心理需要。

在销售方面，人们这种心理表现得尤为明显，效仿"稀缺"原理来吸引客户的行为比比皆是。他们主要是通过制造短缺或者是稀缺的假象来直击客户的错过心理，影响客户的行为。

例如，在购买产品时，我们经常会看到一些商家隔三岔五地做一些活动促销："本店产品最后三天清仓处理，请抓紧时间抢购！""全场一律五折，走过路过千万别错过！""来本店消费的前五十名消费者，买一送一！"

以上广告和标语产生的直接销售效果就是客户争先恐后地前去活动现场抢购。尤其是"机不可失，时不再来"对客户的吸引和刺激力度最大。商家利用的就是客户担心错过的心理来吸引客户前来抢购和消费。

销售员："今天光临本店购买产品的顾客都是幸运儿，本店正在推行两个活动，一个是限量秒杀，另一个是优惠折扣。活动规则是先到先得。"

顾客："秒杀？肯定是一些不好卖的产品。"

销售员："不，我们秒杀的都是这一季刚上市的新款。我觉得既然来了，您有必要去看看。"

顾客："我等会儿还有点事情，可能等不到活动环节。"

　　销售员："那真是太遗憾了，今天是我们回馈力度最大，也是本年度唯一一次大型活动。"

　　顾客站在原地犹豫了一会儿。

　　销售员："活动单页先给您看一下，一些客户已经预订了名额，我要过去为他们做一下登记。"

　　顾客："等等，那把我的名字也登记上吧，我先购买一些需要的东西。"

　　对于销售人员一开始的活动推销，顾客并没有表现出过多的在意和重视，同时还对活动产品存在诸多异议和不满。在这种形势下，销售人员使用了"逆向成交法"。由刚开始对客户婉言相劝、好言说服，转变成欲擒故纵，利用稀缺性质来吊客户的胃口，让客户产生错过心理，最终成功地留住了客户。

　　销售人员在利用稀缺心理来吸引客户的时候，最容易犯一个错误，那就是销售带有盲目性、覆盖面较广。虽然很多客户被吸引过来，但成交数量却十分有限。这是因为有些客户对于我们所销售的产品兴趣并不大，或者是他们根本就不需要。这时，不管我们销售的噱头和力度有多大，他们都不会做出购买行为。这就要求销售人员首先要把握客户的心理，确定客户是否对产品具有浓厚的兴趣且具有购买意向，然后在此基础之上使用这种方法。

　　此外，要合理制造稀缺现象。虽然制造短缺假象的效果是最直接有效的，但是销售人员面对客户应该坚持自身的底线和原则，可以夸大产品稀缺的现象，但不可有伪造或者欺瞒的性质。

　　在生活中也不乏这种案例，一些商家为了提高销量，连续一个季度都在进行"最后三天"的促销活动，类似行为都在一定程度上对消费者构成欺骗。如果长此以往，可能会失去消费者的信赖与支持。所以，销售人员更应该本着实事求是的态度，合理地制造稀缺现象，只有这样才能够在保持业绩上升的同时，也不失去客户的信赖与支持。

　　最后，语言切忌过于浮夸。有时候，销售人员为了实现销售业绩，语言过于浮夸和虚假。类似这种消费行为都会在一定程度上降低客户对我们以及产品的信任度。因为每个客户心底都会有评判事物的标准，他们能够洞察到我们过于浮夸的行为。相反，我们用真实、客观、自然的语言反而更容易让客户接受，并且产生信任感。

如何纠正或者有效避免语言浮夸行为？

（1）在沟通前，我们充分准备好精确的数据和详细的资料，数据象征着一定的真实性。

（2）列出产品的优缺点，客观回答客户的提问，切忌夸大产品功能或者是做出无法做到的承诺。

（3）陈述注意逻辑性，切忌想到哪儿说到哪儿。

这些方法都能够有效避免语言上的浮夸和混乱，并且能够清晰地让客户看到产品的优缺点，看到我们的专业性。基于此，我们制造出的稀缺现象，才能够打消客户疑虑，直击客户心底。

总之，想要有效使用稀缺性来吸引客户，第一步就是分析客户是否需要、是否感兴趣，然后在此基础上进行有针对性的销售。在推销过程中，本着实事求是的态度，合理制造稀缺现象，让客户在产生安全心理的同时，放心、大胆地购买，确保在带动庞大消费规模的同时，形成良好的口碑和品牌效应。

最后期限——给客户一点压力

面对犹豫不决、迟迟不肯下单的客户，销售人员应该采用"逼单"的策略，给客户制造一点压力。只有让客户感受到紧迫感和危机感，才能更好地引发客户的购买行为。

不过，给客户制造压力讲究一定的技巧，如果"逼单"成功，万事大吉；"逼单"失败，功亏一篑。所以，销售人员在最后的成交环节中，应该学会合理"逼单"，深入把握客户心理，在紧要关头，临门一脚，确保促成成交。我们可以从以下几个策略来考虑：

1. 讲明优惠期限

优惠期限主要包含两个方面：一是对商品数量限制，二是对销售时间限制。

在商品数量的限制上，主要是利用人们对稀少、罕见、不容易获得的物品极为珍视的心理，利用这种人性和心理弱点能够提升产品的价值和缩短客户做出决策的时间。

另一种是在销售时间上的限制。在销售时间上，如果你告诉客户明天还有优惠，可能客户就会将购买放在明天。为什么呢？事实上客户之所以优柔寡断、摇摆不定，在很大程度上是"还有"的意识在作怪——还有时间、还有机会、还有更好的……最终只会导致客户一拖再拖。

从心理的角度来讲，"最后"和"还有"是相对立的概念。只有当我们打消客户的"还有"意识，让客户明白自己的期待是毫无意义的，才能够逼迫客户立刻下定决心购买。

2.讲明优惠原因

在优惠活动中，表明产品优惠的唯一性和价值感，就是要向客户表明购买产品的原因。绝大多数客户之所以不相信优惠，是因为在他们的潜意识里面有着"天上不会掉馅饼""世界上没有免费的午餐"等概念，这些都会在一定程度上限制客户对产品产生购买的欲望。

我们为客户讲明优惠的原因，就能够有效地消除客户存在的疑虑，减少客户的担心，并且在此基础上进行有效的说服，能够增强最后成交的可能性。

3.分析优惠好处

客户喜欢凑热闹，他们凑热闹的原因多半也是因为"占便宜"心理，他们渴望得到优惠而划算的产品。这时候销售人员应该准确把握客户这一心理，千万不要让到嘴的鸭子飞了。

例如，销售人员应清晰地为客户讲解产品的好处、优惠的力度有多大、产品存在怎样的价值等，以此来增强活动氛围，渲染优惠场景，让客户感受到优惠的好处，感受到产品的价值所在。

4.分析非优惠期的损失

给客户制造压力的最后一棒就是为客户分析非优惠期的损失，给客户营造出一种"过了这村就没这店"的氛围，抓住客户担心错失的心理。

某超市的销售人员在促销产品的时候大声叫卖："价值98元的套装组合，今天仅售58元。仅此一天。明天你再买就需要多付40元，请大家抓紧时间抢购！"

客户："只有今天优惠吗？"

销售人员："是的，如果您明天购买不仅需要多支付40元，也不会得到我们活动期间的礼品。这对您来说是多么大的损失啊，仅仅一天的时间。"

客户："我还想明天来买呢！"

销售人员："做任何事情都讲究一个规矩和期限。没办法，我们也是按规矩办事，只要您在活动范围内我们就会给您优惠。"

客户："好吧，真拿你们没办法，给我拿一组套装。"

销售人员："好嘞，一看您就是有眼力的人，在优惠期购买等于捡了大便宜呢！"

销售人员在吆喝中一直在强调优惠期的好处和非优惠期带来的损失，清晰地为客户展现了产品的优惠点以及价值性。在客户咨询时，面对客户产生的异议以及摇摆不定的心理，销售人员帮助客户仔细分析了今天与明天购买的区别，最后成功击中客户心理，促使客户产生购买行为。

在现实销售的过程中，我们也经常会遇到那些喜欢"推托"或者是"不慌不忙"的客户。虽然他们对产品有兴趣、有需求，但就是犹豫不决，想着等等看。面对这种客户最好的办法就是给他们制造一些压力，推他们一把，让他们感受到时间的紧迫感，感受到产品有限的价值感。这样他们可能就会产生购买欲望，迫不及待地参与到购买的队伍中来。

消除客户的后顾之忧，让他放心

在销售中，客户产生疑虑、异议是一种很常见的现象，尤其是在最后的成交环节中，客户产生忧虑的现象更为突出和明显。成交环节又是整个销售过程中至关重要的阶段，它关乎着整个销售结果的成败与否。所以说，消除客户疑虑、解决客户异议是销售成功必经的一道关卡。

客户之所以犹豫不决、举棋不定，主要原因是客户对某方面仍然心存芥蒂，不能够下定决心签单。这在一定程度上说明销售人员在前期的基础工作还没有做到位。这时候，我们就需要通过细心观察和分析，找准客户存在的心理障碍，并且针对客户所担心的主要问题做出承诺、提供保证。

郑先生是一家有机农业公司的老板，一直以来他们公司的产品都能够进入一流的渠道。他的销售秘诀就是找到客户的后顾之忧并且帮助客户解决他们担忧的问题。

一次，一家水果连锁超市的老总来到他们果园基地考察，但就是迟迟不下订单。郑先生知道客户心里一定存在顾虑，就没有着急催促其下单。最终，客户提出疑问："之前我在上一家果园进的桃子，虽然个头大，卖相也不错，但是味道不是很纯正，并且水分太多。刚开始卖得还行，渐渐地消费者都反映桃子味道不好，最后那笔单子赔了不少钱。"

听到客户这么说，郑先生摘下一个桃子掰成两半，一半给客户品尝，另一半拿来为客户讲解："您反映的那种情况，一般是药物催熟和灌溉强度大两个原因所导致的。药物催熟是为了缩短生长期，灌溉强度大是为了能让果实硕大、水分饱满。不过这两个因素都是可以通过人为因素来控制的，所以您大可放心。我种了十几年的桃子，消费者喜欢什么样的桃子我最清楚。"

尝了桃子后，客户点点头："不错，我想要的就是这种。"

郑先生面对客户的徘徊不定、犹豫不决，并没有催促客户下单，而是等待客户说出自身的疑虑，细致深入地为客户消除疑虑和处理异议，最终让客户对产品放心，促使客户下决心签单。

在销售过程中，很多销售人员采取的做法刚好相反，他们只是对产品侃侃而谈，而不去询问和了解客户的疑虑点，最终很难有效针对客户心理解决问题，导致南辕北辙。只有我们先了解客户存在的顾虑，针对客户的疑惑和心理空缺来进行解释和分析，逐步地消除客户的后顾之忧，建立客户的安全心理，在此基础上进行产品推销，才是有效的销售手段。

销售人员除了要在态度上表现出自身的真诚以外，在一切行为表现和权威性方面都务必真实可靠。绝大多数客户之所以存在后顾之忧都是因为不信任而产生的。

很多客户在成交前都会有不安全感，大都有"前车之鉴"。例如，在某项产品上吃过苦头，在某个销售环节中没有弄清楚，落下隐患等。这些都会增强客户的警惕性和防备意识。

所以，想要消除客户的后顾之忧和防备意识，首先就应该建立信任，用真诚打动客户，赢得客户的信赖，让客户对我们敞开心扉；然后在此基础之上采取适当合理的方式消除客户对风险的担忧，这样客户才能够信赖和支持我们的产品。

除此之外，销售人员也要善于用承诺消除客户的忧虑。对于销售人员来说，对客户做出承诺最大的优点就在于能够增强说服力。尤其是当销售人员信誓旦旦地保证或者承诺客户可以实现某种利益时，往往能够快速中止客户的后顾之忧，从而达成交易。

不过，销售人员需要注意的是，承诺固然有着重要的促进作用，但是对于承诺的使用需要谨慎。对于一些达不到的标准、无法兑现的承诺，不能轻易许下诺言，而是应该依据能力和具体情况来进行区别对待，这样才能确保承诺的有效性和可行性。

总而言之，在销售过程中客户存在后顾之忧不可避免，我们想要成功销售就必须逾越这个坎，必须减少客户对风险的担忧。例如，通过真诚的态度和行为，一句强有力的保证，或者是一次简单的试用，等等。这些都可以在一定程度上增强客户对产品的信心以及对我们的信赖，从而让客户放心、大胆地使用我们的产品。

为客户提供超出期望值的售后服务

研究结果表明，在销售服务中，有96%的消费者遇到服务不周到的情况是不会投诉的；但有90%的不满意的消费者不会再购买该公司的产品和服务，或将他们的经历至少告诉另外9个人；13%有过不满意经历的消费者会将他们的经历告诉身边20个人，甚至是更多的人。

谈到销售的本质还是要回归到产品和服务本身，因为再多的推销技巧其实都属于技术层面，真正撼动客户内心的只有产品和服务。

从心理学的角度剖析，服务是一种心理感受，是心理上对某个人或某件事的满意程度的评价。销售除了需要在交涉的过程中为客户提供优质的服务之外，还要为客户提供超出他们期望值的售后服务，全面满足客户的心理需求。

具体来说，为客户提供超出预期的服务要从以下几个方面来考虑：

1. 实行客户跟踪服务

实行客户跟踪服务是给客户制造惊喜最直接的方式。具体做法，我们可以通过一些电话回访或者是社区回馈等活动。及时跟踪客户，获取客户的信息反馈，为用户提供解决方案，帮助他们解决实际问题，为客户带来超出期望值的心理服务需求。

这样做带来的最有效的结果就是：顾客满意后通常会持续购买自己满意的产品，同时还会利用口碑宣传等方式进行积极传播。这对提高产品的市场占有率和品牌的美誉度起到了强有力的作用。

2. 注入情感服务

情感服务是客户服务的终极武器。无论是门店营销还是大客户营销，基于情感的服务总能成为同行业中的赢家。毕竟人是情感动物，一旦销售人员与客户之间建立了感情，那么客户就会成为我们的忠实客户，甚至会为我们带来更多的关联客户。

销售人员想要为客户提供超出期望值的售后服务，并且超出同行业的水平，就必须注入情感营销服务，注入感情元素，以此来打动客户，感染客户，超出客户预期感受。

有一家装修公司的工程师曾这样分享他是如何通过情感营销服务打动客户的。

装修公司的工程部所做的工作是根据设计理念，联系业主，协调工人，把图纸做成实体装修。这其中难免会产生问题，而最大的问题是怎样服务业主。正所谓让质量开口说话，在施工过程中质量是业主担心的最大问题。

在工地施工前期，许多业主都对工程师的工作比较满意，但后期容易出问题。在解决这些问题的时候，首先我们要分析问题出在哪里——是设计问题、服务问题，还是工艺问题？其次要有针对性地解决这些问题，就要把业主的房子当成自己的去施工。服务不同性格业主的时候也要采取不同的方法去应对。例如外向型的业主，应当用实诚、为他着想的情感去打动他；如果是理智型的业主，应当用技术和工艺去打动他。不管业主是哪种性格，都应做到善于观察，注意业主的一言一行，理解业主真正想表达的意思。做到这些，不管是服务还是签单都能游刃有余。

这家装修公司通过展开情感营销的方式来服务客户。针对不同类型的业主采取不同的情感应对策略，根据对方的性格，做出合乎情理、合乎时宜的推销方式，最终不仅为客户提供了超出期望值的服务享受，而且形成了自身独特的营销方式，带来了长久的利益价值。

总而言之，售后服务本身就是一种销售手段。它除了能够通过服务树立企业形象之外，还能够保证企业在产品同质化的市场竞争中，赢得属于自身发展的一席之地。它是争夺消费者心智的重要领地，也是提升消费者满意度和忠诚度的主要方式。因此，销售人员要高度重视客户的售后服务，努力为客户提供超出期望值的售后服务，实现自身的发展和飞跃。